3年

実力アップ
白地図ノート

教科書ワーク
96ページの
プラスワークも
見てみましょう。

自分だけの
社会の力をのばす調べ学習にも！

年	組	名前

※地図の縮尺は異なっている場合があります。また、一部の離島を省略している場合があります。

「白地図ノート」はとりはずして使用できます。

1 わたしのまちの地図を つくろう

使い方のヒント

キミが住んでいるまちの地図をつくってみよう。どんな土地の使われ方をしているかな。地図記号も使ってみようね。

方位の記号

2 みんなのまち①
北海道・青森県・岩手県

●都道府県名をなぞってみよう。
●点線になっているところは、となりあう都道府県とのさかいだよ。上からなぞってみよう。

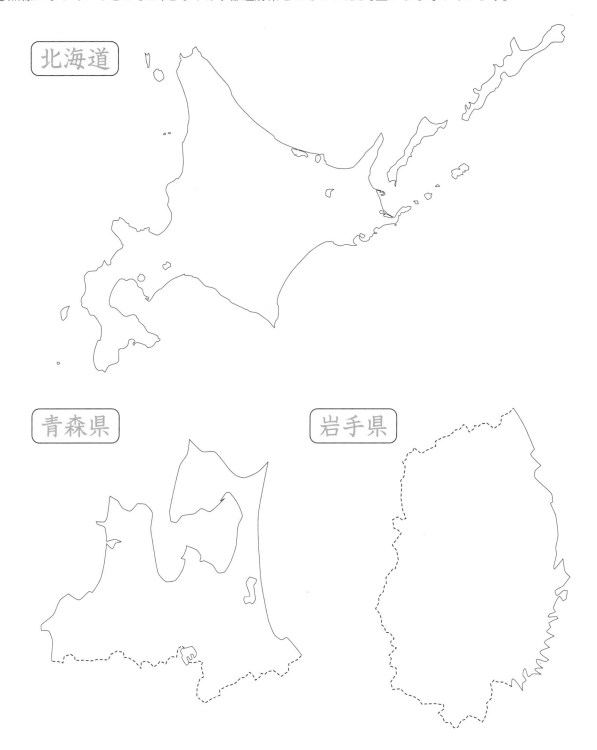

北海道

青森県

岩手県

※地図の縮尺は同じではありません。

3 みんなのまち②
宮城県・秋田県・山形県・福島県
みやぎけん　あきたけん　やまがたけん　ふくしまけん

使い方のヒント
次の都道府県を地図帳で調べてみよう。
知っているたて物や山・川などがあれば、
地図に書きこもうね。

●都道府県名をなぞってみよう。
●点線になっているところは、となりあう都道府県とのさかいだよ。上からなぞってみよう。

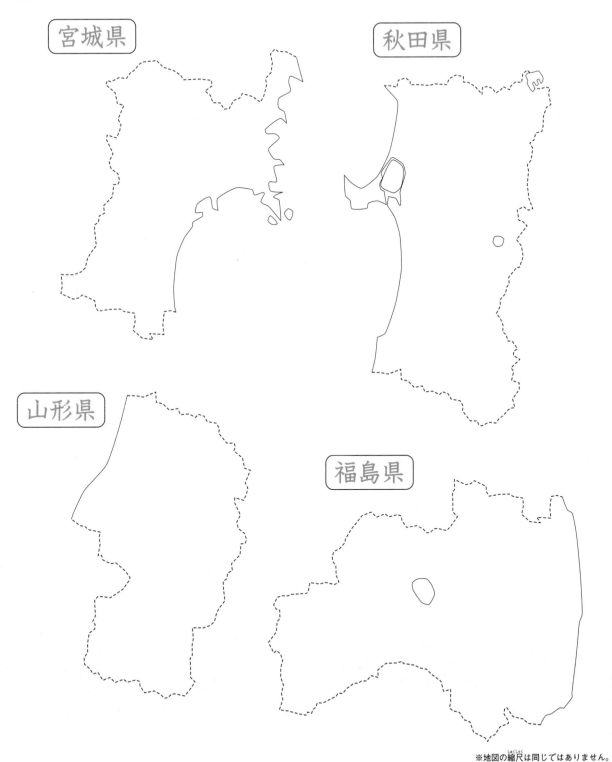

宮城県

秋田県

山形県

福島県

※地図の縮尺は同じではありません。

4 みんなのまち③
茨城県・栃木県・群馬県・埼玉県

使い方の ヒント
次の都道府県を地図帳で調べてみよう。
知っているたて物や山・川などがあれば、
地図に書きこもうね。

●都道府県名をなぞってみよう。
●点線になっているところは、となりあう都道府県とのさかいだよ。上からなぞってみよう。

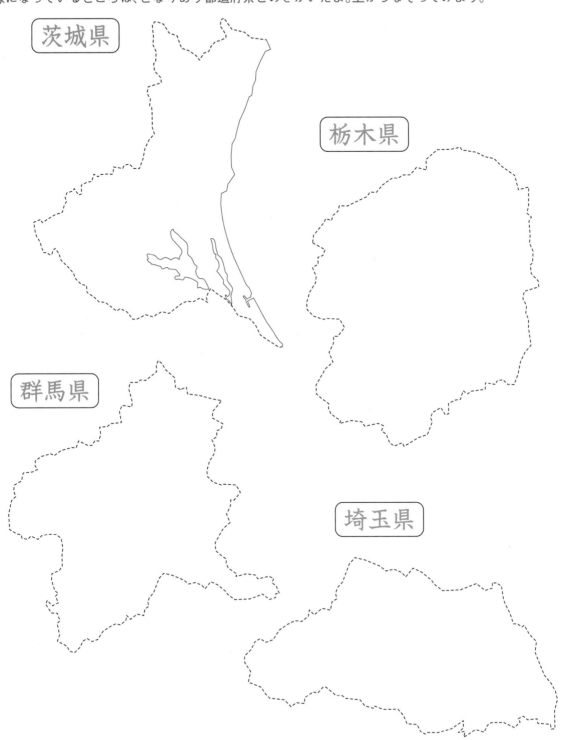

茨城県

栃木県

群馬県

埼玉県

※地図の縮尺は同じではありません。

5 みんなのまち④
千葉県・東京都・神奈川県

●都道府県名をなぞってみよう。
●点線になっているところは、となりあう都道府県とのさかいだよ。上からなぞってみよう。

千葉県

神奈川県

東京都

※地図の縮尺は同じではありません。

6 みんなのまち⑤
新潟県・富山県・石川県・福井県
にいがたけん　と やまけん　いしかわけん　ふく い けん

●都道府県名をなぞってみよう。
●点線になっているところは、となりあう都道府県とのさかいだよ。上からなぞってみよう。

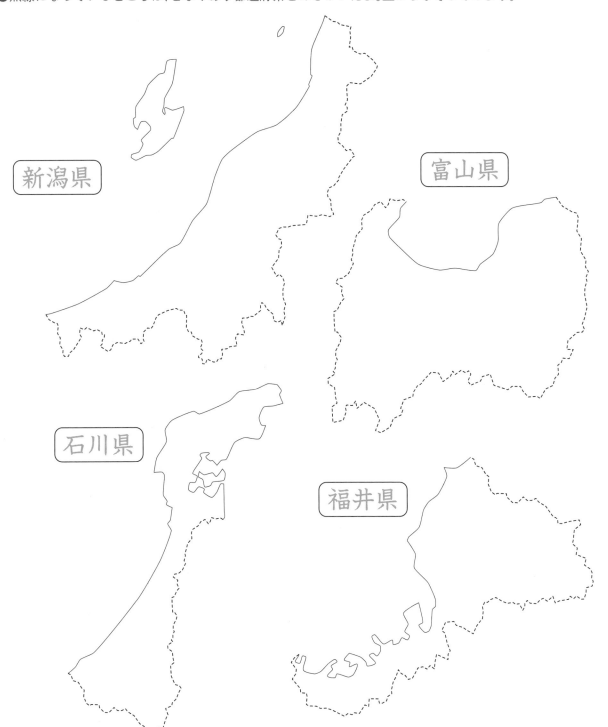

新潟県

富山県

石川県

福井県

※地図の縮尺は同じではありません。

7 みんなのまち⑥
山梨県・長野県・岐阜県

●都道府県名をなぞってみよう。
●点線になっているところは、となりあう都道府県とのさかいだよ。上からなぞってみよう。

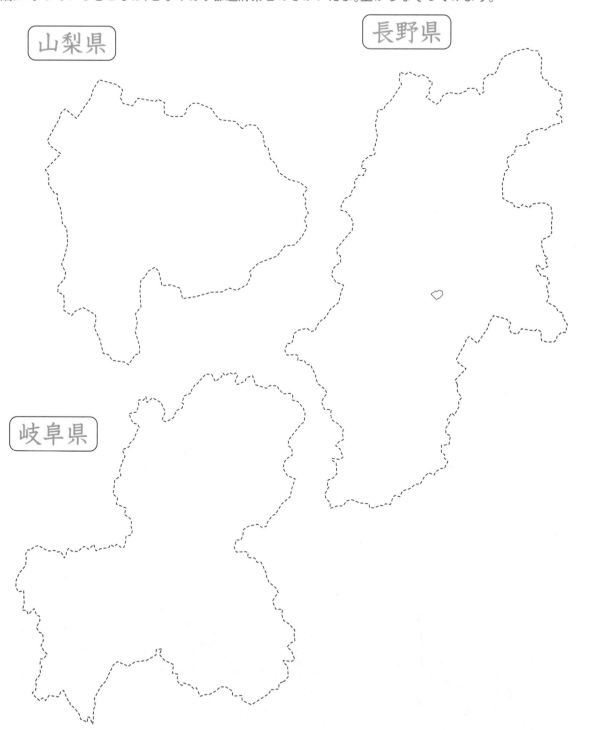

山梨県

長野県

岐阜県

※地図の縮尺は同じではありません。

8 みんなのまち⑦
静岡県・愛知県・三重県

●都道府県名をなぞってみよう。
●点線になっているところは、となりあう都道府県とのさかいだよ。上からなぞってみよう。

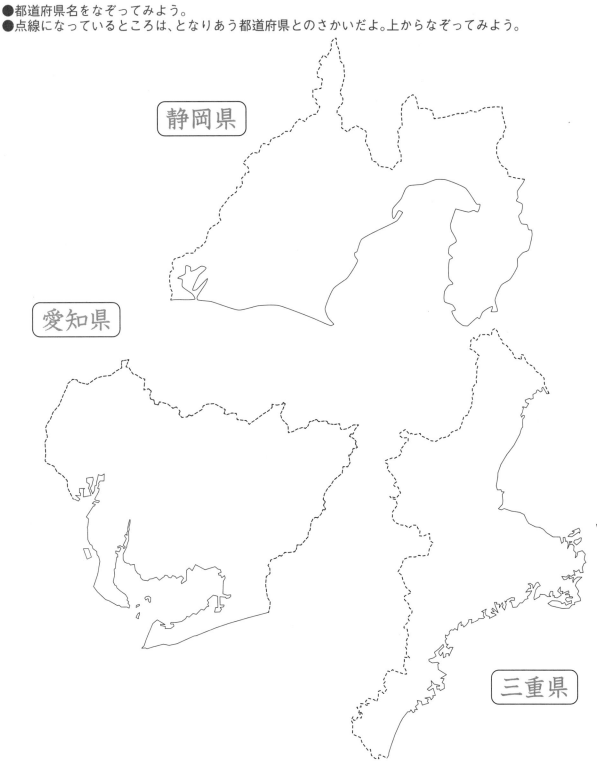

静岡県

愛知県

三重県

※地図の縮尺は同じではありません。

9　みんなのまち⑧
滋賀県・京都府・大阪府・兵庫県

● 都道府県名をなぞってみよう。
● 点線になっているところは、となりあう都道府県とのさかいだよ。上からなぞってみよう。

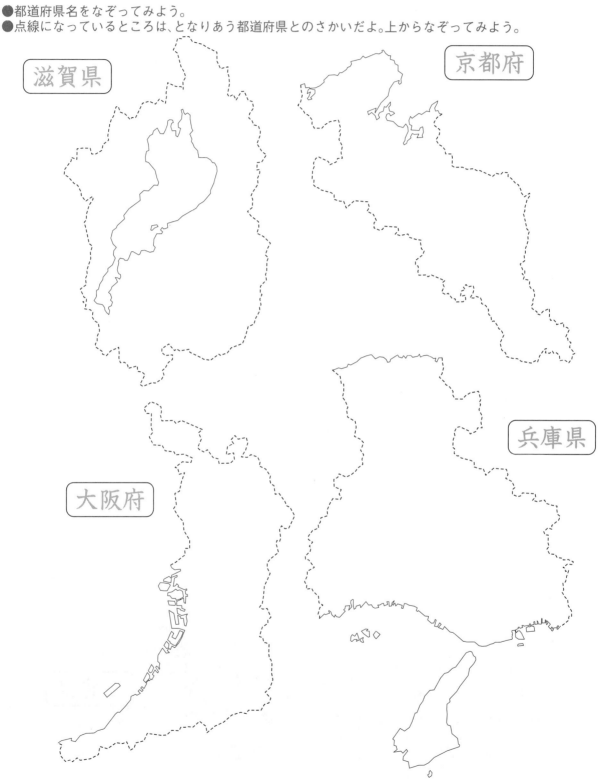

滋賀県

京都府

兵庫県

大阪府

※地図の縮尺は同じではありません。

10 みんなのまち⑨
奈良県・和歌山県・鳥取県・島根県

●都道府県名をなぞってみよう。
●点線になっているところは、となりあう都道府県とのさかいだよ。上からなぞってみよう。

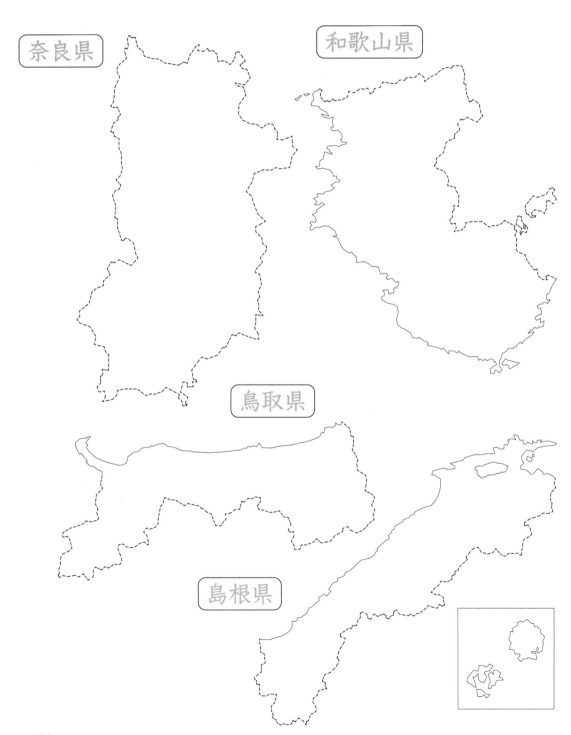

奈良県

和歌山県

鳥取県

島根県

※地図の縮尺は同じではありません。

11 みんなのまち⑩
岡山県・広島県・山口県

●都道府県名をなぞってみよう。
●点線になっているところは、となりあう都道府県とのさかいだよ。上からなぞってみよう。

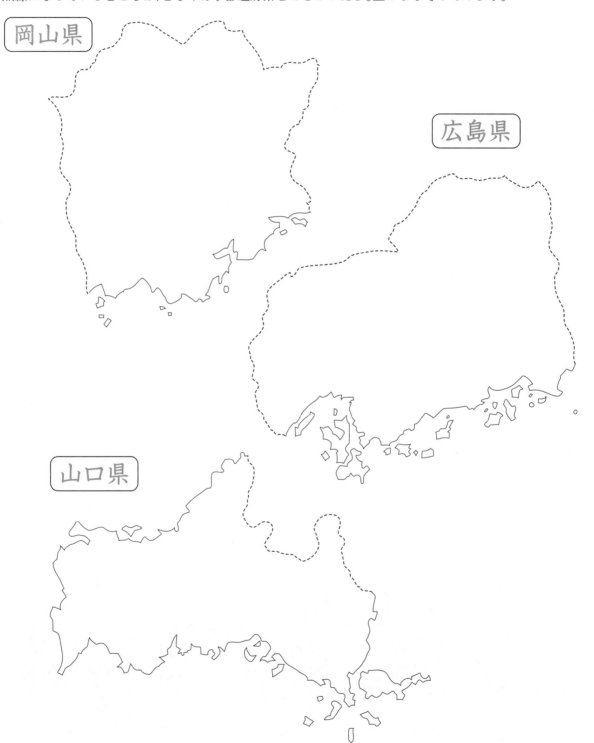

岡山県

広島県

山口県

※地図の縮尺は同じではありません。

12 みんなのまち⑪
徳島県・香川県・愛媛県・高知県
とくしまけん　かがわけん　えひめけん　こうちけん

●都道府県名をなぞってみよう。
●点線になっているところは、となりあう都道府県とのさかいだよ。上からなぞってみよう。

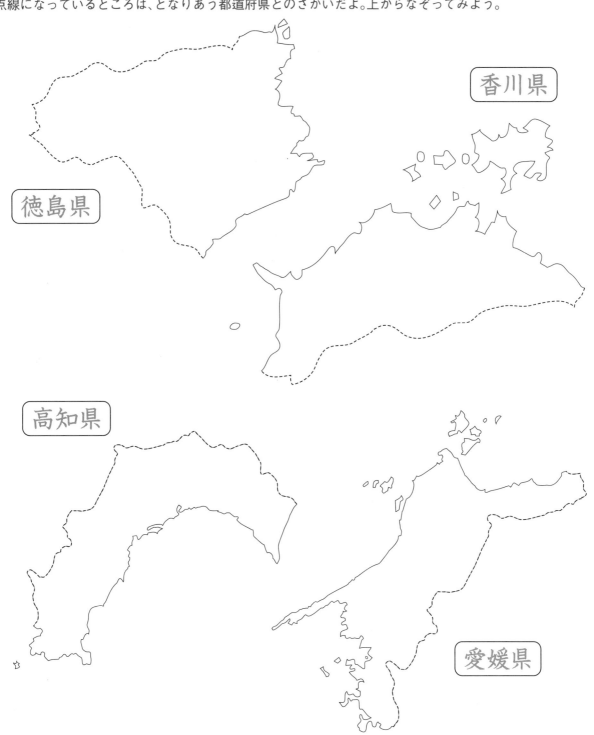

香川県

徳島県

高知県

愛媛県

※地図の縮尺は同じではありません。

●勉強した日　　月　　日

13 みんなのまち⑫
福岡県・佐賀県・長崎県・熊本県
（ふくおかけん　さがけん　ながさきけん　くまもとけん）

使い方のヒント

次の都道府県を地図帳で調べてみよう。知っているたて物や山・川などがあれば、地図に書きこもうね。

●都道府県名をなぞってみよう。
●点線になっているところは、となりあう都道府県とのさかいだよ。上からなぞってみよう。

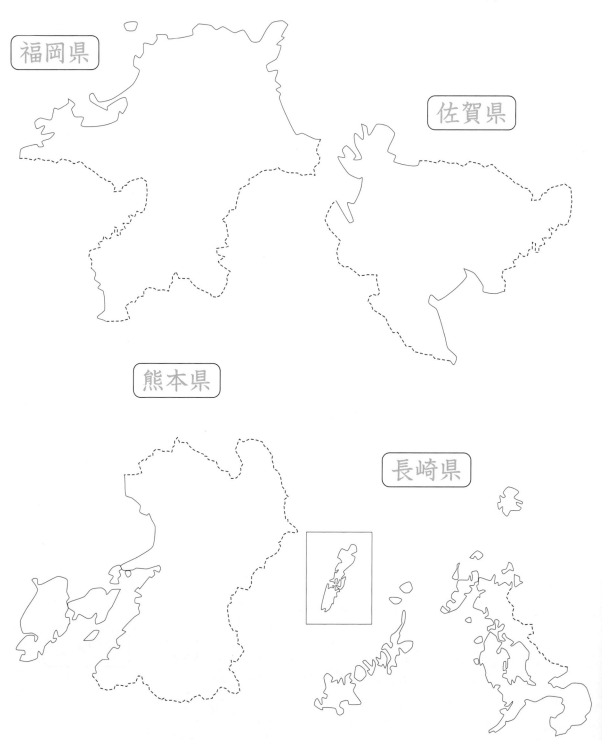

※地図の縮尺は同じではありません。

14

14 みんなのまち⑬
大分県・宮崎県・鹿児島県・沖縄県
<small>おおいたけん　みやざきけん　か　ご　しまけん　おきなわけん</small>

使い方のヒント
次の都道府県を地図帳で調べてみよう。
知っているたて物や山・川などがあれば、
地図に書きこもうね。

●都道府県名をなぞってみよう。
●点線になっているところは、となりあう都道府県とのさかいだよ。上からなぞってみよう。

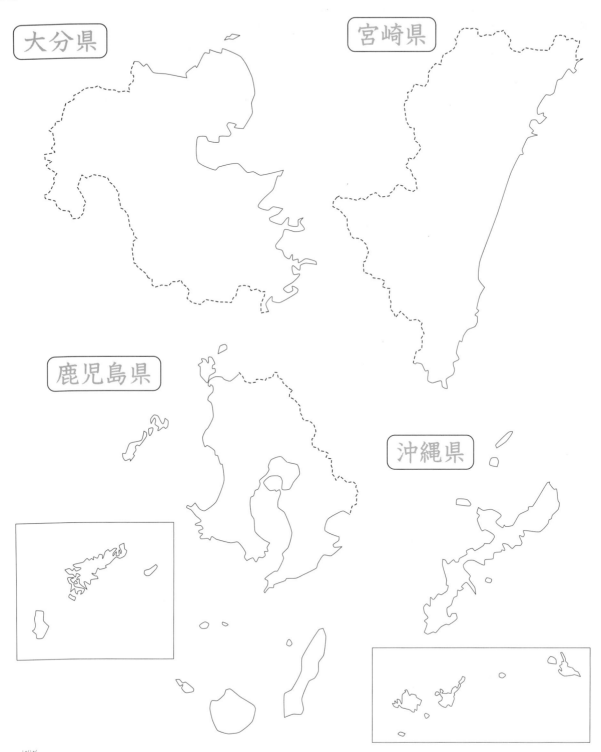

大分県

宮崎県

鹿児島県

沖縄県

※地図の縮尺は同じではありません。

15

15 日本地図

● 勉強した日　　月　　日

使い方の **ヒント**
キミの住んでいる都道府県、行ったことのある都道府県、これから行ってみたい都道府県などを色でぬり分けてみよう。

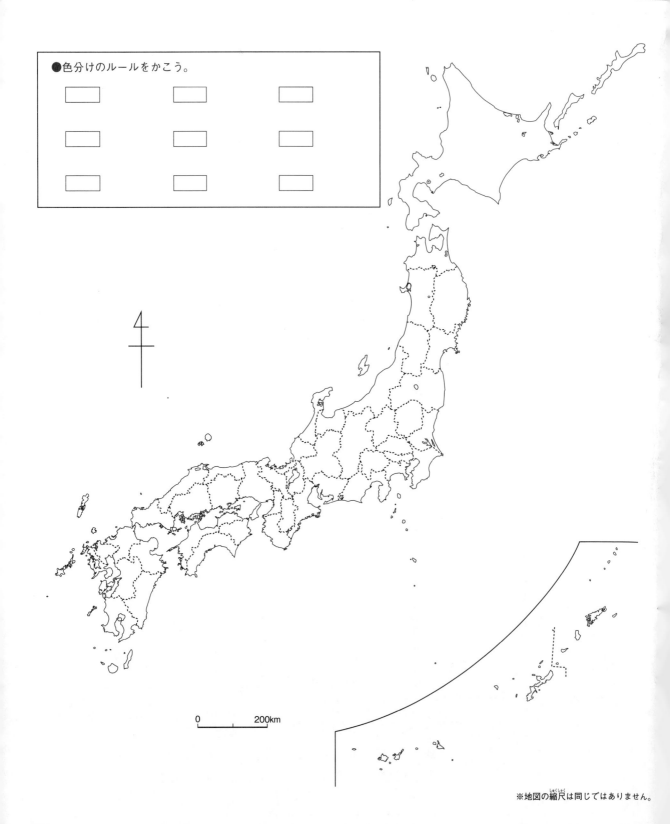

●色分けのルールをかこう。

0　　200km

※地図の縮尺は同じではありません。

まわりにこんなところはないかな？

木にかこまれた公園　きけん

見えにくい自転車おきば　きけん

歩道がなく せまい道　きけん

外から見えない階だん　きけん

外から見える公園　安全

ガードレールのある道　安全

あぶないところは家からどの方位にある？

北
北西（ほくせい）　北東（ほくとう）
西　東
南西（なんせい）　南東（なんとう）
南

こんな場所があぶない！

！入りやすい
どんな人がいるかわからない。

！見えにくい
なにが起きているのか、外からわからない。

子ども110番の家や店

安全　こまったときに助けてもらえる

 こどもSOS　北海道札幌市　札幌市子ども110番の家　SAPP_RO

 ビーガルくん こども110番のいえ　神奈川県警察　神奈川県

 こども110番　けいしちょう　東京都

 こども110番のいえ　京都府

あぶないときは電話で通ほうしよう

●火事や救急のとき
119（消ぼう）

●事件や事故のとき
110（けいさつ）

通ほうメモ
落ち着いてつたえよう

住所　　　　　名前

目じるし　　　電話番号

はっけん★ まちのうつりかわり

じぶんの住んでいるまちのうつりかわりも調べてみよう！

大阪府大阪市（新大阪駅）

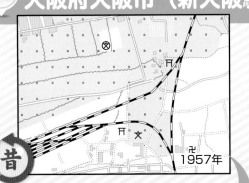

昔 1957年

今

1960年

北

北

田のあったところに新かん線の駅ができたんだね。

新潟県新潟市（新潟駅）

昔 1941年

今

昔の駅のたて物はようすがちがうね。

愛媛県松山市（大街道商店街）

1935年 昔

大きな屋根ができているよ。

今

東京都新宿区（新宿通り）

昔 1932年

今

道の真ん中に電車が通ってるね。

時期の区分（時代）

えど	めいじ	たいしょう	しょうわ	へいせい	れいわ
江戸時代	明治時代	大正時代	昭和時代	平成時代	令和時代
	150年くらい前〜	110年くらい前〜	90年くらい前〜	30年くらい前〜	今

わくわく 地図記号 カード

アプリにも対応！

何の地図記号かな？

昔のぐんたいで、けがや病気の人を助ける「えいせいたい」の記号をもとにしてできたんだ。

⑥

何の地図記号かな？

漢字の「文」の文字をもとにしてできた記号だよ。○でかこむと高校の記号になるよ。

①

何の地図記号かな？

入口にたっている「とりい」の形からできたんだ。身近な「とりい」をさがしてみよう！

⑦

何の地図記号かな？

昔、ゆうびんの仕事をしていた役所、「逓信省」の頭文字「テ」からできたんだ。

②

何の地図記号かな？

仏教でおめでたいことを表す「まんじ」という記号の形からできたんだ。昔からある場所に多いかも！

⑧

何の地図記号かな？

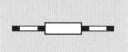

けいさつ官のもつ「けいぼう」を2本くみあわせた形だよ。○でかこむと「けいさつしょ」の記号になるよ。

③

何の地図記号かな？

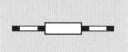

線路とホームを表す記号だよ。□□□の長さはホームの長さになっているんだって！

⑨

何の地図記号かな？

昔、火事を消すときに使っていた「さすまた」という道具の形からできたんだよ。

④

何の地図記号かな？

道と区別するために、両はしが開いた形になっているんだ。川をわたるときにあるとべんりだよね。

⑩

何の地図記号かな？

100年以上前からある古い記号。東京都の区役所も表すよ。一重の○だと「町村役場」の記号になるよ。

⑤

何の地図記号かな？

「歯車」と「電気の線」がもとになっているんだよ。同じ記号で「変電所」も表すんだ。

⑪

病院

地図からさがそう

木瀬東（六）
木瀬東（五）
木瀬東（三）
高木瀬東

⑥

使い方

●きりとり線にそって切りはなしましょう。
●表面を見て何の地図記号か、うら面を見て
　どんな地図記号か考えてみましょう。
●写真は地図の場所のものではありません。
　地図は本物より大きくしています。

神社

地図からさがそう

北根小屋

⑦

学校（小学校・中学校）

地図からさがそう

208
館ケ丘団地

①

寺

地図からさがそう

仁和寺通
55
売通
伊藤

⑧

ゆうびん局

地図からさがそう

西28丁
森の宮
西
二十19

②

駅と鉄道

地図からさがそう

片倉駅

⑨

交番

地図からさがそう

本町（二）
122

③

橋

地図からさがそう

南七条大橋
水車町
南大橋
旭

⑩

消ぼうしょ

地図からさがそう

小山ケ
坂
境

④

発電所

地図からさがそう

本沢ダム
城山湖

△351

⑪

市役所

地図からさがそう

時計台
12
230
大通駅
36

⑤

何の地図記号かな？

東京国立博物館の入口の形からできたんだって。めずらしいものがあるよね。「美術館」も同じ記号だよ。

⑫

何の地図記号かな？

城をたてるときの「なわばり」の形なんだって。たて物がのこっているところもあるよね。

⑱

何の地図記号かな？

開いた本の形からできた記号だよ。本がたくさんある場所といえばもちろんここだね！

⑬

何の地図記号かな？

「いね」をかりとったあとの形からできた記号だよ。秋になると、いっぱい米がとれるところだよ。

⑲

何の地図記号かな？

お年よりがつくつえと、たて物の形を表しているよ。小学生がデザインしたんだって！

⑭

何の地図記号かな？

植物の二枚の葉の形からできた記号だよ。季節ごとの作物がとれるよね。

⑳

何の地図記号かな？

湯つぼと湯けむりの形からできた記号だよ。あたたかくて、きもちいいよね。

⑮

何の地図記号かな？

「りんご」や「なし」などの実を横から見た形からできた記号だよ。ほかのくだものでも同じ記号だよ。

㉑

何の地図記号かな？

風力発電に使うしせつの形からできた記号だよ。まちのなかにもあるか探してみよう。

⑯

何の地図記号かな？

「お茶の実」を半分に切ったときの形からできた記号なんだ。

㉒

何の地図記号かな？

船の「いかり」の形からできたよ。にもつをつんだ船が行きかうところだよ。

⑰

何の地図記号かな？

「ざっ草」が生えているようすからできた記号だよ。

㉓

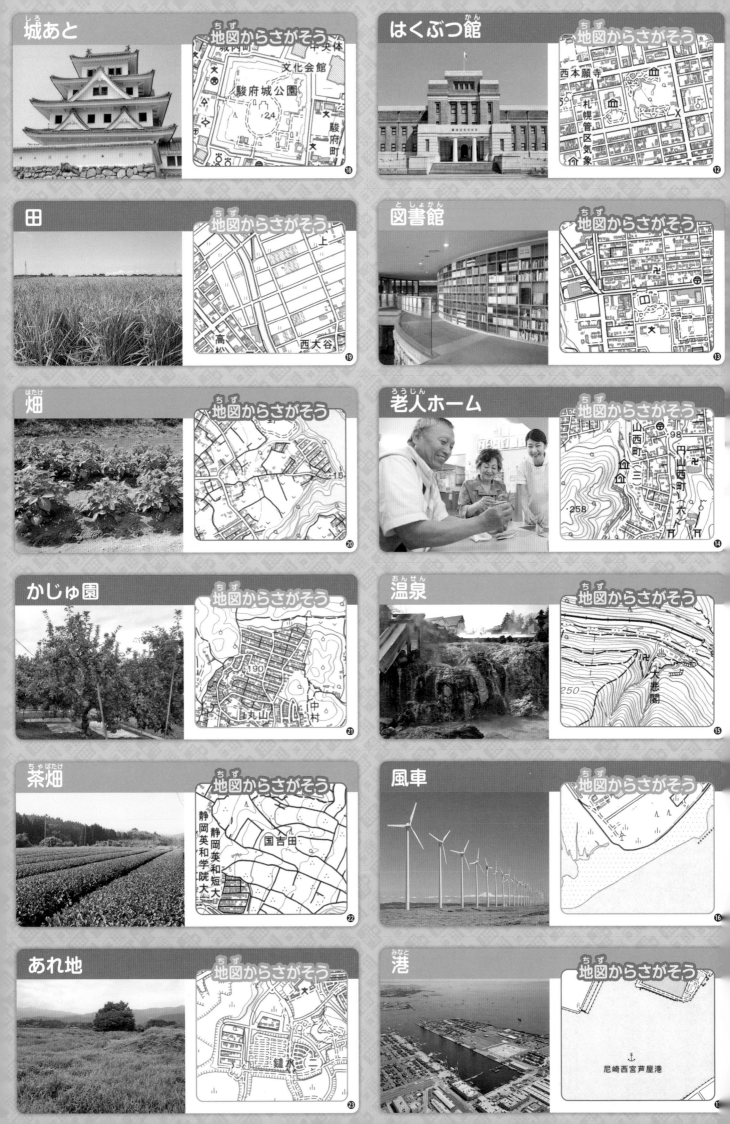

城あと
地図からさがそう
文化会館
駿府城公園
24
駿府町
⑱

はくぶつ館
地図からさがそう
西本願寺
札幌管区気象
⑫

田
地図からさがそう
上
高松
西大谷
⑲

図書館
地図からさがそう
⑬

畑
地図からさがそう
·15
⑳

老人ホーム
地図からさがそう
山西町
·258
円山西町
⑭

かじゅ園
地図からさがそう
190
丸山
中村
㉑

温泉
地図からさがそう
250
大悲閣
⑮

茶畑
地図からさがそう
国吉田
静岡英和学院
静岡英和短大
㉒

風車
地図からさがそう
⑯

あれ地
地図からさがそう
鑓水
㉓

港
地図からさがそう
尼崎西宮芦屋港
①

▶動画　コードを読みとって、下の番号の動画を見てみよう。

写真提供：朝日新聞社、（一社）明石観光協会、アフロ、Cynet Photo、坂本照、東阪航空サービス、独立行政法人都市再生機構・株式会社 MUJI HOUSE、PIXTA、毎日新聞社、読売新聞（敬称略　五十音順）

勉強した日 ▶ 　月　　日

学校のまわり①

きほんのワーク

もくひょう
地図や方位を使って学校のまわりの様子をせつ明しよう。

おわったらシールをはろう

教科書 6〜11ページ　答え 1ページ

1 わたしたちのお気に入りの場所

✎ （　　）にあてはまることばを◻から書きましょう。

①（　　　　　　　　　　）　②（　　　　　　　　　　）　③（　　　　　　　　　　）

大きな池があって、たくさんの人が来ます。

大きくてりっぱなとうがたっています。

地下鉄にのることができます。

●家や学校のまわりにある場所をせつ明するときは、

④（　　　　　　　　　　）を使うとわかりやすい。

```
絵地図　　駅　　お寺　　公園
```

絵地図
道の様子や方位、目じるしなどを絵で表した地図。

2 高いところから見た学校のまわりの様子

✎ （　　）にあてはまることばを◻から書きましょう。

よみトク！地図

北
わたしたちの学校
南

学校のまわりの様子を表した⑤（　　　　　）。

方位は⑥（　　　　　　　）。

方位は⑦（　　　　　　　）。

地図はふつう、上が北になるようにつくられるよ。

●方位を調べるために使う⑧（　　　　　　　　）は、色がついている方のはりが⑨（　　　　　　　）の方位をさす。

```
北　　東　　西　　方位じしん　　白地図
```

しゃかいか工場　方位じしんは、じしゃくの力で方位をしめすよ。ふつうのじしゃくでも、Nきょくとよばれる方が北をさすよ。

練習のワーク

できた数

／10問中

おわったら
シールを
はろう

| 教科書 | 6〜11ページ | 答え | 1ページ |

1 次の場所を正しくしょうかいしている文を、それぞれ線でむすびましょう。

①駅 　　　　　　　　②商店がい 　　　　　　　③公園

・ 　　　　　　　　　・ 　　　　　　　　　・

・ 　　　　　　　　　・ 　　　　　　　　　・

⑦おかしやなど、たくさんの店がある。

⑦池などがあって、遊びに来る人が多くいる。

⑦電車で遠くまでいどうできる。

2 方位について、次の問いに答えましょう。

(1) 右の図は、方位をしめす記号です。①・②にあてはまる方位をそれぞれ書きましょう。

(2) 地図は、ふつうはどの方位を上にして表されていますか。　（　　　　　　　　）

北
①
東
②

(3) 学校のまわりにあるたて物や場所がどの方位にあるかをたしかめるとき、正しいものに〇、あやまっているものに×を書きましょう。

学校のまわりの様子

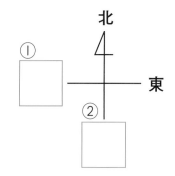

①（　　　）学校の高いところから、まわりをながめる。

②（　　　）家のまわりの白地図をつくる。

③（　　　）方位じしんを使う。

④（　　　）地下鉄の駅員さんに道を聞く。

ポイント 東西南北の方位を使うと、場所をせつ明しやすい。

1 わたしのまち　みんなのまち

学校のまわり②

きほんのワーク

もくひょう
白地図や地図記号を使った地図からまちの様子を読み取ろう。

おわったらシールをはろう

教科書 12〜17ページ　答え 1ページ

---

1 学校のまわりのたんけん

（　　）にあてはまることばを◻︎から書きましょう。

たんけんで調べること

●住たくや田畑などの使われ方、高いところやひくいところなど①（　　　　　）の様子を調べる。

●人や車の多さ、道路の広さなどの②（　　　　）を調べる。

●みんなのためにつくられた③（　　　　　）が、どこに、何があるかを調べる。

（例）学校、④（　　　　　）、じどう館など。

公共しせつ　　土地　　市役所　　交通

---

2 たんけんしたことを白地図に書きこもう／学校のまわりの様子をまとめよう

次の地図について、（　　）にあてはまることばを◻︎から書きましょう。

よみトク！地図

古くからある⑤（　　　　　）が集まっている。

商店がいの近くや駅のまわりは⑥（　　　　　）が多い。

大きなたて物の⑦（　　　　　）がならんでいる。

大きな道路は⑧（　　　　　）がたくさん走っている。

⑨（　　　　　）を表すものさし。

マンション　　車　　きょり　　人　　お寺

---

4 **しゃかいか工場**　交番の地図記号（Ｘ）は、けいぼうをこうささせた形だよ。けいさつしょの地図記号（⊗）は、交番とくべつするために○でかこんでいるよ。

練習のワーク

教科書 12〜17ページ 答え 1ページ

できた数

／11問中

おわったら
シールを
はろう

1 学校のまわりをたんけんするときに調べることを、次から2つえらびましょう。

( ) ( )

㋐ たんけんをした日の天気。 ㋑ 道路を走る車のりょう。

㋒ 集まっているたて物のしゅるい。 ㋓ 公共しせつではたらく人の名前。

2 公共しせつのせつ明として正しいものに○、あやまっているものに×を書きましょう。

① ( ) 公共しせつは、市に住む小学生だけがりようできる。

② ( ) 公共しせつには、学校や市役所のほかに公園もふくまれる。

③ ( ) 公共しせつは、みんなが大切に使うひつようがある。

3 右の先生の地図を見て、次の問いに答えましょう。

(1) 次の地図記号が表しているものを、それぞれ書きましょう。

① ( ) ② ( )

(2) 歩いたときに次のことがわかったたんけんコースを、地図中の㋐・㋑からえらんで書きましょう。

① ( ) 大きな通りの南がわに、大濠公園がある。

② ( ) 駅の近くには、多くの家や店がある。

③ ( ) はばの細い道路の北がわに、お寺が集まっている。

④ ( ) 家が集まっているところに、病院がある。

先生の地図

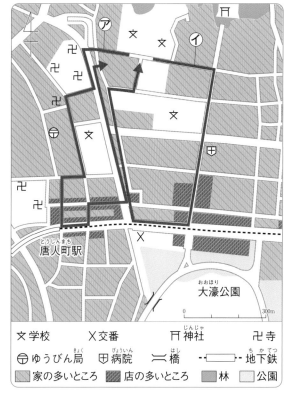

文 学校   ╳ 交番   卄 神社   卍 寺
⊖ ゆうびん局   ⊞ 病院   ═ 橋   ┈┠═┈ 地下鉄
▨ 家の多いところ   ▨ 店の多いところ   ▨ 林   □ 公園

ポイント 地図記号を使うと、土地の様子がだれでもわかる地図になる。

5

まとめのテスト

学校のまわり

とく点

/100点

おわったら
シールを
はろう

教科書 6〜17ページ　答え 1ページ

時間 **20** 分

1 方位 右の道具について、次の問いに答えましょう。

1つ5点〔25点〕

(1) 方位を調べる右の道具を、何といいますか。

(　　　　　　　　)

(2) 右の①〜④にあてはまる方位を、それぞれ書きましょう。

①(　　　　　)　　②(　　　　　)

③(　　　　　)　　④(　　　　　)

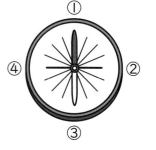

2 まちの様子 右の絵地図を見て、次の問いに答えましょう。

1つ5点〔25点〕

(1) 地図中の矢じるし↑は、4つの方位のうち、どこをさしていますか。

(　　　　　　　　)

(2) 地図中の①の様子について、次の文の(　　　)にあてはまることばを書きましょう。

●まちのみんなのためにつくられた(　　　　　　　)しせつが多い。

(3) 次の人の話にあてはまる場所を、地図中の㋐〜㋒からそれぞれえらびましょう。

①(　　) 歩く人と自転車にのる人の道が分かれているので、安全に通ることができます。

②(　　) いろいろな店があって、駅も近いので、たくさんの人でにぎわっています。

③(　　) 大きなたて物が集まっていて、近くには急な坂道が通っています。

3 地図の読み取り 次の2つの地図を見て、あとの問いに答えましょう。

1つ5点〔50点〕

絵地図
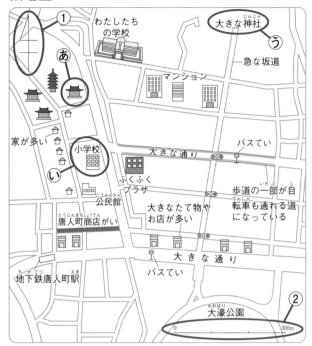

先生の地図
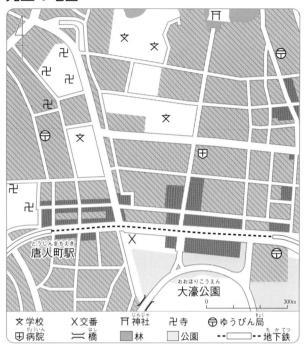

(1) **絵地図**中の①・②が表しているものを、次からそれぞれえらびましょう。

　⑦　きょり　　⑦　土地の高さ　　⑦　方位　　　　　①（　　　）　②（　　　）

(2) **先生の地図**中の■でしめしたところには、大きなたて物のほかに、どのようなたて物が多いですか。

（　　　　　　　　　）

 (3) **絵地図**中のあ〜うのたて物を表す地図記号を、**先生の地図**を見て書きましょう。

あ 　　　い 　　　う □

(4) **絵地図**とくらべた**先生の地図**について、正しいものに○、あやまっているものに×を書きましょう。

　①（　　　）たて物の形や色をくわしく表している。

　②（　　　）目じるしになるたて物を、かんたんに表している。

　③（　　　）同じしゅるいのたて物は、同じ記号で表している。

(5) **先生の地図**のよさについて、次の文の（　　　）にあてはまる文を書きましょう。

　●決まった記号を使っているので、だれが見てもたて物や土地の様子が

（　　　　　　　　　　　　　　　　　　　）。

ひろげる　いろいろな地図記号

きほんのワーク

もくひょう
公共しせつや土地の様子をしめす地図記号をおぼえよう。

おわったらシールをはろう

教科書　18〜19ページ　答え　2ページ

❶ いろいろな地図記号

次の地図記号をなぞりましょう。また、（　　）にあてはまることばを□□から書きましょう。

	公共しせつ・たて物			土地の様子
記号	⊖	血	卍	‖
意味	①（　　　）	はくぶつ館	②（　　　）	田
もとになったもの	「ていしんしょう」の頭文字の「テ」。	はくぶつ館やびじゅつ館のたて物の形。	寺で見かける卍（まんじ）。	いねをかり取ったあとの様子。
記号	⌂	⊗	⊕	∨
意味	③（　　　）	④（　　　）	⑤（　　　）	⑥（　　　）
もとになったもの	たて物の中につえがえがかれている。	けいぼうを2本交わらせて丸でかこんだ形。	昔のぐんたいの「えいせいたい」のしるし。	植物の二まいの葉（ふたば）。
記号	◎	☼	▭	○
意味	⑦（　　　）	⑧（　　　）	⑨（　　　）	⑩（　　　）
もとになったもの	太さがちがう二重丸。もとになった形はない。	歯車と電気を送る線。	線路の形。	りんごやなしなどの実の形。

| 寺　発電所　ゆうびん局　けいさつしょ　鉄道 |
| 老人ホーム　市役所　かじゅ園　畑　病院 |

8 しゃかいか工場🚚　地図記号の文でしめすのは、小学校や中学校だよ。高校をしめすときは、⊗が使われているよ。

練習のワーク

教科書 18〜19ページ　答え 2ページ

1 次の写真にあてはまる地図記号を□にそれぞれ書きましょう。

①ゆうびん局

②けいさつしょ

2 右の地図を見て、次の問いに答えましょう。

(1) 地図中の①〜③の地図記号のもとになったものを、あとの⑦〜⑨からそれぞれえらびましょう。また、その地図記号が表すたて物を書きましょう。

①もとになったもの（　　　）
　たて物（　　　　　　　）

②もとになったもの（　　　）
　たて物（　　　　　　　）

③もとになったもの（　　　）
　たて物（　　　　　　　）

⑦ 「えいせいたい」のしるし　　⑦ 歯車と電気を送る線

⑨ 寺で見かける「まんじ」

(2) 地図中の⑧〜⑨の場所の様子を、次からそれぞれえらびましょう。

⑧（　　　）　　⑨（　　　）　　⑨（　　　）

(3) わたしたちの学校から見て、市役所は東西南北のどの方角にありますか。

（　　　　　　　　　）

ポイント さまざまなしせつや土地を表す地図記号がある。

9

まとめのテスト

ひろげる　いろいろな地図記号

とく点

／100点

おわったら
シールを
はろう

教科書　18〜19ページ　　答え　2ページ

時間
20
分

1 　地図記号の意味ともとになったもの　右の地図記号の意味を書きましょう。また、もとになったものを、⑦〜⑤からそれぞれえらびましょう。

1つ5点〔40点〕

①意味（　　　　　　　）　もとになったもの（　　　）
②意味（　　　　　　　）　もとになったもの（　　　）
③意味（　　　　　　　）　もとになったもの（　　　）
④意味（　　　　　　　）　もとになったもの（　　　）

① ∨　② ▪▬▪
③ ⊗　④ ○ (with stem)

　⑦　交わった2本のけいぼうを丸でかこんで記号にしたもの。
　⑦　植物のふたばを記号にしたもの。
　⑦　線路の形を記号にしたもの。
　⑤　くだものの実の形を記号にしたもの。

2 　地図記号　次の絵地図と地図は、同じ場所をかいたものです。地図中の①〜④にあてはまる地図記号を、それぞれ書きましょう。

1つ5点〔20点〕

絵地図

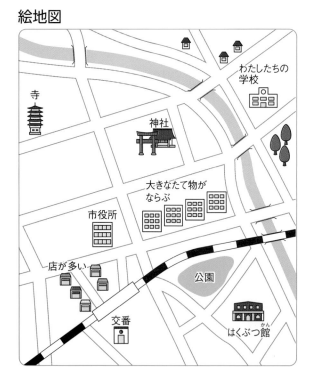

地図

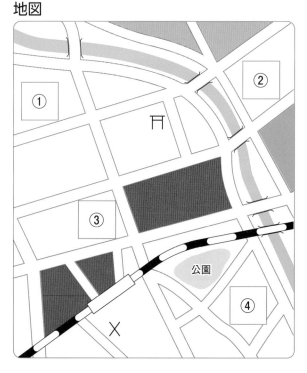

①　　　　　　②　　　　　　③　　　　　　④

3 地図と地図記号 **次の地図を見て、あとの問いに答えましょう。**

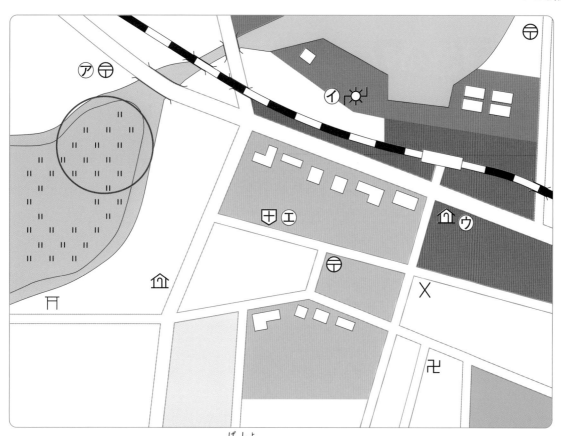

(1) 次の話の ① にあてはまる場所を、地図中の⑦～①からえらびましょう。また、② ・ ③ にあてはまることばをそれぞれ書きましょう。

①（　　　） ②（　　　　　　　） ③（　　　　　　　）

 右は ① の場所をうつした写真で、 ② の様子です。地図記号は ③ と電気を送る線を記号にしています。

(2) 地図のまちの様子として、正しいものに○、あやまっているものに×を書きましょう。

①（　　　）交番から見て、北と東に老人ホームがある。

②（　　　）ゆうびん局が3つある。

③（　　　）交番と病院は同じ道路に面している。

④（　　　）海ぞいに神社と寺がある。

(3) 地図中に◯でしめした場所にかかれている地図記号の意味から、この場所の様子を書きましょう。

（　　　　　　　　　　　　　　　　　　　　　　　　　）

もくひょう

市の様子を調べるための学習の進め方をかくにんしよう。

おわったらシールをはろう

1　市の様子①

きほんのワーク

教科書　20〜25ページ　　答え　3ページ

1　市の写真や地図を見て

✎ 福岡市について、（　　）にあてはまることばを　　から書きましょう。

よみトク！地図

福岡市（地図帳の 20 ページの場合）

- 中央区は、イと②が重なるマスの中にあり、地図帳の①（　　　　　　　）のページでは「20 イ 2」と表される。
- 福岡市は、区が②（　　　　　　　）つある。
- 福岡市役所は③（　　　　　　　）区にあり、油山は④（　　　　　　　）区にある。
- わたしたちの学校から見て、福岡城のあとは⑤（　　　　　　　）の方角にある。また、能古島は⑥（　　　　　　　）の方角にある。

中央	早良	南東
7	さくいん	北西

八方位

東西南北の四方位に、その間の4つの方位をくわえた表し方。よりくわしい方位を表すことができる。

2　学習の進め方

✎ （　　）にあてはまることばを　　から書きましょう。

- 気づいたことやぎもんに思ったことから⑦（　　　　　　　）をつくる。
- 調べる　◆ じっさいに行って⑧（　　　　　　　）したり、体けんしたりする。
  - ◆ 手紙やメールで、くわしい人に⑨（　　　　　　　）する。
  - ◆ 地図や⑩（　　　　　　　）などのしりょうをりようする。
  - ◆ ⑪（　　　　　　　）をりようして、しりょうを集める。
- 調べてわかったことや考えたことをまとめる。
- まとめたことをみんなで話し合い、次の学習にいかす。

インターネット	見学	学習問題	しつ問	写真

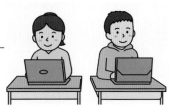

しゃかいか工場　八方位では、南と東の間は南東、北と東の間は北東というよ。方位をしめすときは、北と南が先になるのが正しい表し方だよ。

練習のワーク

教科書 20〜25ページ 答え 3ページ

1 右の図を見て、次の問いに答えましょう。

(1) 図のように、東西南北だけよりもくわしい方位の表し方を、何といいますか。

（　　　　　　）

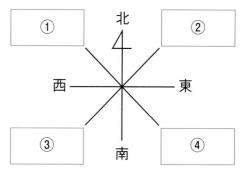

(2) 図中の①〜④にあてはまる方位を、それぞれ書きましょう。

①（　　　　　　）　②（　　　　　　）

③（　　　　　　）　④（　　　　　　）

2 市の様子について、次の問いに答えましょう。

(1) 右の写真にあう場所を、下の地図中のあ〜うからそれぞれえらびましょう。

①（　　　）　②（　　　）

(2) 福岡市の様子について、正しいものを次からえらびましょう。　（　　　）

⑦ 福岡市にある区は、すべて海に面している。

⑦ 市にはたくさんの島があり、能古島はいちばん北にある。

⑦ 中央区には、昔つくられたお城のあとがある。

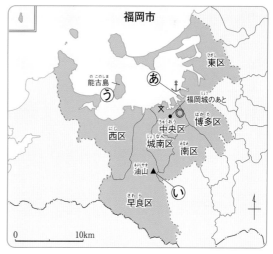

福岡市

(3) 市の様子の調べ方について、正しいものに○、あやまっているものに×を書きましょう。

①（　　　）学習問題をつくったら、答えを予想する。

②（　　　）クラスのみんなでインタビューをしあって調べる。

③（　　　）インターネットで見つけた文章は、そのまままとめにする。

④（　　　）調べたことは、図や表を使ってわかりやすくまとめる。

ポイント 学習問題を決めて、調べたことや考えたことをまとめよう。

1　市の様子②

もくひょう
地図を使って、市の土地の様子や使われ方をたしかめよう。

おわったらシールをはろう

きほんのワーク

教科書　26〜29ページ　　答え　3ページ

1　市の土地の高さや広がり

✎ 右の福岡市の地図を見て、（　　）にあてはまることばを　　から書きましょう。

●市の南がわには①（　　　　　　　　　　）があり、土地が②（　　　　　　　　　）。

●市には、りくつづきの

③（　　　　　　　　　）など、いくつかの島がある。

●那珂川は、④（　　　　　　　　　）から

⑤（　　　　　　　　　）へと流れている。

●海に面した場所は⑥（　　　　　　　）土地が広がっている。

高いところ
少し高いところ
ひくいところ
家や店の多いところ
――主な川

小呂島
志賀島
玄界島
能古島　博多湾　那珂川
油山
脊振山

0　　5km

| 高い　　ひくい　　志賀島　　北　　南　　山 |

川は土地がひくい方へ流れるよ。

2　市の土地の使われ方

✎ 次の地図を見て、（　　）にあてはまることばを　　から書きましょう。

よみトク！地図

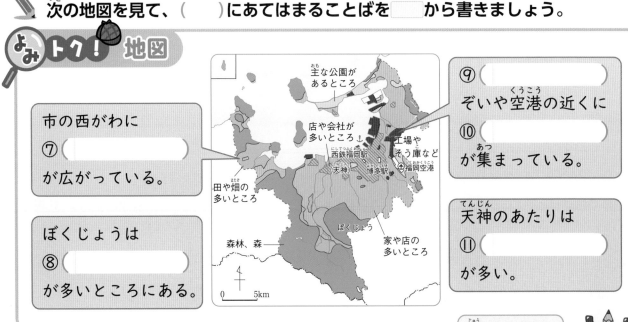

市の西がわに
⑦（　　　　　　　　）
が広がっている。

ぼくじょうは
⑧（　　　　　　　　）
が多いところにある。

主な公園があるところ
店や会社が多いところ
西鉄福岡駅
天神　博多駅
工場やそう庫など
福岡空港
田や畑の多いところ
森林、森
ぼくじょう
家や店の多いところ

0　　5km

⑨（　　　　　　　　）
ぞいや空港の近くに
⑩（　　　　　　　　）
が集まっている。

天神のあたりは
⑪（　　　　　　　　）
が多い。

住たくや店は、市の東がわに多いね。

| 海　　森林　　田畑　　高いたて物　　工場 |

しゃかいか工場　港にはいろいろなものが運ばれてくるよ。海の近くのタンクには、遠い外国から船で運ばれてきた石油がたくわえられているんだ。

できた数

／10問中

おわったら
シールを
はろう

教科書 26〜29ページ　答え 3ページ

1 福岡市の土地の様子について、正しいものに○、あやまっているものに×を書きましょう。

①（　　）家や店は、土地の高さがひくいところに広がっている。

②（　　）土地の高さは、北へ行くほど高くなっている。

③（　　）海をかこむように、ひくい土地が広がっている。

④（　　）市の土地は、ひくいところより高いところの方が多い。

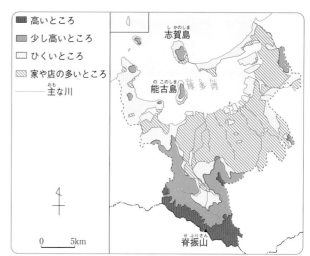

■ 高いところ
■ 少し高いところ
□ ひくいところ
▨ 家や店の多いところ
── 主な川

志賀島
能古島
博多湾
脊振山

0　　5km

2 次の問いに答えましょう。

(1) 福岡空港のまわりの土地は、主に何に使われていますか。

（　　　　　　　　　）

(2) 市の南がわに広がっているものを、次からえらびましょう。

（　　）

⑦ 家や店

⑦ 工場

⑨ 田や畑

⑨ 森林

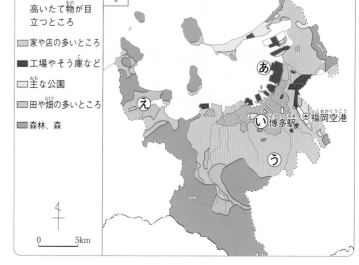

▨ 店や会社が多く、高いたて物が目立つところ
■ 家や店の多いところ
■ 工場やそう庫など
□ 主な公園
■ 田や畑の多いところ
■ 森林、森

あ
え
い 博多駅
う
福岡空港

0　　5km

(3) 次の写真にあう場所を、地図中のあ〜えからそれぞれえらびましょう。

①（　　）　　　②（　　）　　　③（　　）　　　④（　　）

場所によって、さまざまな土地の使われ方がある。

まとめのテスト

1 市の様子①②

教科書 20〜29ページ 答え 3ページ

時間 20分

1 学習の進め方 次の図を見て、あとの問いに答えましょう。 1つ5点〔35点〕

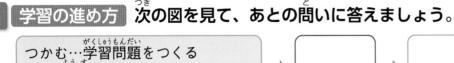

つかむ…学習問題をつくる
「市の様子は、どうなっているのだろう。」 → ① → ② → ③

(1) 図中の①〜③にあてはまるものを、次のあ〜うからそれぞれえらびましょう。

①( ) ②( ) ③( )

あ いかす…学習したことを、生活にいかす。

い 調べる…見学に行ったり、しりょうを見たりする。

う まとめる…わかったことを、ノートなどにまとめる。

(2) 次の学習問題についての予想と、調べることを線でむすびましょう。

① 鉄道のほかに、船も使われているのではないか。　　・　　　・⑦ 土地の高さや広がり

② 土地によって、たて物の多さにちがいがあるのではないか。　　・　　　・⑦ 古くからのこるたて物

③ 自然が多い山の方は、土地が高くなっているのではないか。　　・　　　・⑦ 交通の様子

④ 古い神社やお寺が多い場所があるのではないか。　　・　　　・⑦ 土地の使われ方

2 地図帳のさくいん 次のさくいんの（　）にあてはまるカタカナと数字を、右の地図を見てそれぞれ書きましょう。（区が2つ以上のマスに入っているときは、いちばん多くの部分が入っているマスを答えましょう。） 1つ5点〔15点〕

右の地図のさくいん

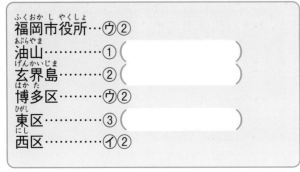

福岡市役所…ウ②
油山…………①（　　　）
玄界島………②（　　　）
博多区………ウ②
東区…………③（　　　）
西区…………イ②

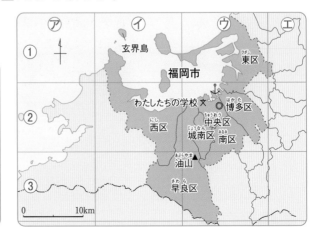

3 土地の様子 **福岡市の様子について、次の2つの地図を見て、あとの問いに答えましょう。**

1つ5点〔50点〕

福岡市の土地の高さ

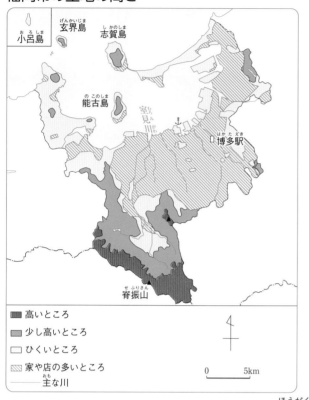

■ 高いところ
■ 少し高いところ
□ ひくいところ
▨ 家や店の多いところ
── 主な川

0   5km

福岡市の土地の使われ方

▨ 店や会社が多く、高いたて物が目立つところ
□ 家や店の多いところ
■ 工場やそう庫など
□ 主な公園
▨ 田や畑の多いところ
■ 森林、森

0   5km

(1) 次の文の(　　　)にあてはまる方角を、八方位でそれぞれ書きましょう。
　　●脊振山から見て、博多駅は①(　　　　　　　　)の方角にある。
　　●玄界島は、能古島の②(　　　　　　　　)の方角にある。

(2) 福岡市の様子として正しいものに○、あやまっているものに×をつけましょう。
　　①(　　　)室見川は、南から北へ向かって流れている。
　　②(　　　)土地の高いところにだけ、森林が見られる。
　　③(　　　)高いたて物が目立つところは、田や畑にかこまれている。
　　④(　　　)工場やそう庫は、土地がひくいところにつくられている。

(3) 地図中の①〜③の場所にあてはまる写真を、次からそれぞれえらびましょう。
　　　　　　　　　　　　　　　①(　　　)　②(　　　)　③(　　　)

ア

イ

ウ

(4) 地図中のあの土地の様子について、地図からわかることを、「多い」ということばを使ってかんたんに書きましょう。

　(　　　　　　　　　　　　　　　　　　　　　　　　　　　　　)

1 市の様子③

1 市の交通の様子

✏ （　）にあてはまることばを□□から書きましょう。

よみトク！ 地図

物を運ぶのにべんりな
①（　　　　　）が走っている。

博多駅がある
②（　　　　　）が市の東がわを通る。

交通
人や物が行き来すること。

博多駅や天神駅にはバスの路線も通る。

港や④（　　　　　）は外国とつながる。

天神駅や博多駅には
③（　　　　　）が通る。

鉄道や道路が集まっているところと、そうでないところがあるね。

| 新かん線 | 空港 | 地下鉄 | 高速道路 |

2 市の公共しせつ

✏ （　）にあてはまる公共しせつを□□から書きましょう。

| Y ⑤（　　　） | ◎ ⑥（　　　） | ⊗ ⑦（　　　） |
| 血 ⑧（　　　） | 📖 ⑨（　　　） | ○ ⑩（　　　） |

| はくぶつ館 | けいさつしょ | 市役所 | 図書館 | 消防しょ | 区役所 |

しゃかいか工場 　地図記号は新しくつくられることがあるよ。2006年に老人ホーム（⛊）、2019年に自然災害でんしょうひ（🪦）の地図記号がつくられたよ。

練習のワーク

教科書 30〜33ページ　答え 4ページ

1 次の写真にあう交通きかんを、線でむすびましょう。

① ② ③ ④

・　　　　　・　　　　　・　　　　　・

・　　　　　・　　　　　・　　　　　・

空港（くうこう）　高速道路（こうそくどうろ）　新かん線　港（みなと）

2 右の地図を見て、次の問いに答えましょう。

(1) 次の①〜④にあてはまる地図記号（ごう）を、地図中からえらびましょう。

①市役所（しやくしょ）

②消防（しょうぼう）しょ

③図書館（としょかん）

④はくぶつ館（かん）

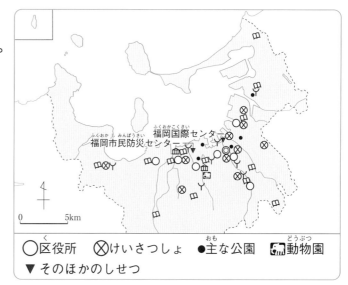

○区役所（く）　⊗けいさつしょ　●主な公園（おも）　🐾動物園（どうぶつ）

▼ そのほかのしせつ

(2) 3人の話にあてはまるしせつを、あ〜うからそれぞれえらびましょう。

市に古くからある文化（ぶんか）やくらしのれきしをてんじしています。

市民（しみん）のくらしや市の産業（さんぎょう）にかかわる仕事（しごと）をしています。

昔起（むかしお）きた災害（さいがい）や災害へのそなえなどをしょうかいしています。

①（　　）　②（　　）　③（　　）

あ　市役所や区役所（く）　い　はくぶつ館　う　市民防災（ぼうさい）センター

ポイント 市の交通きかんは、大きな駅（えき）を中心に広がっている。

1　市の様子④

きほんのワーク

教科書　34〜37ページ　　答え　4ページ

1　市に古くからのこるたて物

✎（　）にあてはまることばを＿＿から書きましょう。

●櫛田①（　　　　　　　）では博多祇園山笠という②（　　　　　　　　）が行われる。

●中央区には、大きな石がきがのこる
③（　　　　　　　）のあとがある。

●市には、1000年以上のれきしがある神社や
④（　　　　　　　）が多い。

●市にのこる古いたて物には、さまざまな
⑤（　　　　　　　）がある。

| お祭り　　城　　神社　　いわれ　　寺 |

いわれ
ものごとのはじまりや理由のこと。

2　市の様子をまとめよう

✎（　）にあてはまることばを＿＿から書きましょう。

 よみトク！地図

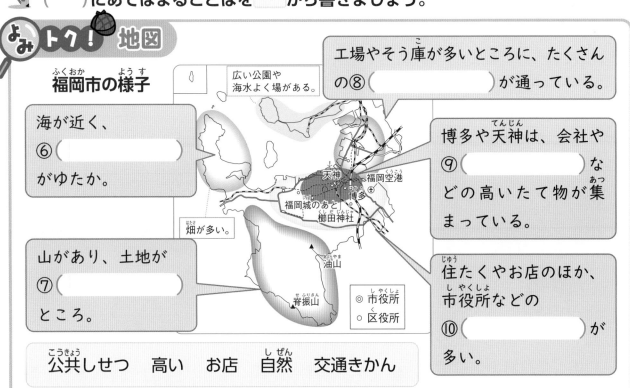

福岡市の様子

広い公園や海水よく場がある。

工場やそう庫が多いところに、たくさんの⑧（　　　　　　　）が通っている。

海が近く、
⑥（　　　　　　　）
がゆたか。

畑が多い。

博多や天神は、会社や⑨（　　　　　　）などの高いたて物が集まっている。

山があり、土地が
⑦（　　　　　　　）
ところ。

◎市役所
○区役所

住たくやお店のほか、市役所などの
⑩（　　　　　　　）が多い。

| 公共しせつ　　高い　　お店　　自然　　交通きかん |

しゃかいか工場 「博多祇園山笠」は毎年7月に行われ、大きな山笠をかついで市内を歩きまわるんだ。5月に行われる「博多どんたく」とともに、福岡市を代表するお祭りだよ。

練習のワーク

勉強した日　月　日

できた数

／12問中

おわったら
シールを
はろう

1 右の地図を見て、次の問いに答えましょう。

(1) 地図中の①・②を表す地図記号を、それぞれ書きましょう。

①　□　　②　□

(2) 市に古くからのこるたて物について、正しいものに〇、あやまっているものに×を書きましょう。

①（　　）古いたて物は、今は使われていない。

②（　　）中央区や博多区には、古いたて物が多い。

③（　　）神社は、すべて博多区にある。

④（　　）たて物のつくりが外国ふうのものもある。

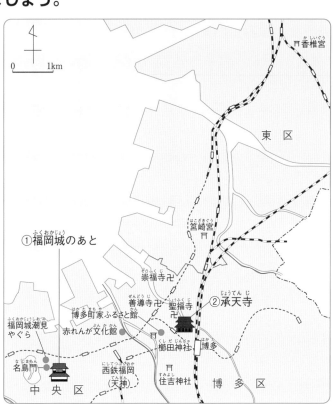

2 市の様子をまとめた右の地図を見て、次の問いに答えましょう。

(1) 次の様子があてはまるところを、地図中の⑦〜①からそれぞれえらびましょう。

①（　　）お店や会社が集まり、高いたて物が多いところ。

②（　　）畑が多いところ。

③（　　）工場やそう庫が多いところ。

④（　　）土地が高いところ。

(2) 地図中の住たくやお店が多いところによく見られるものを、2つえらんで〇を書きましょう。

あ（　　）電車やバスの路線　　い（　　）田

う（　　）森林　　え（　　）公共しせつ

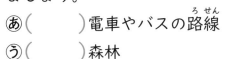

市の様子は、場所によってちがっている。

まとめのテスト

1 市の様子③④

とく点

/100点

教科書 30〜37ページ 　答え 4ページ

時間 20分

1 交通の様子 右の地図を見て、次の問いに答えましょう。

1つ5点〔25点〕

(1) 次のせつ明にあてはまるところを、地図中の㋐〜㋔からそれぞれえらびましょう。

①（　　　）　　②（　　　）

遠い外国にも、飛行機ですぐに行くことができます。

博多駅と天神駅は、鉄道でつながっています。

③（　　　）　　④（　　　）

島や外国から船で来た人がりようしています。

工場やそう庫のにもつを運ぶ車が走っています。

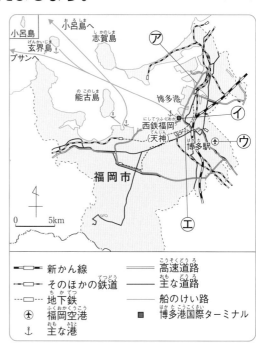

— 新かん線
— そのほかの鉄道
┈ 地下鉄
⚓ 福岡空港
⚓ 主な港
━ 高速道路
━ 主な道路
━ 船のけい路
■ 博多港国際ターミナル

 思考 (2) 次の文の（　　　）にあてはまることばを、地図からさがして書きましょう。

●新かん線やそのほかの鉄道、高速道路などのさまざまな交通は
（　　　　　　　　）駅を中心に集まり、市のかく地に広がっている。

2 公共しせつ 次の問いに答えましょう。

1つ5点〔25点〕

よく出る (1) 市民のくらしや産業など、市全体にかかわるさまざまな仕事をしている公共しせつを、何といいますか。

（　　　　　　　　　　　）

(2) 右の地図を見て、正しいものに〇、あやまっているものに×を書きましょう。

①（　　　）市にあるはくぶつ館は1つのみである。

②（　　　）市には、たくさんの消防しょやけいさつしょがある。

③（　　　）市にある図書館の数は、区役所よりも少ない。

④（　　　）公共しせつは、交通がべんりなところに多く集まっている。

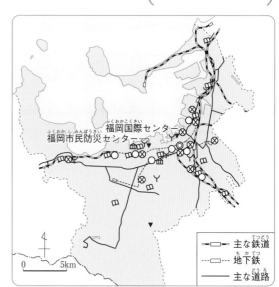

━ 主な鉄道
┈ 地下鉄
━ 主な道路

3 古くからのこるたて物 次のしりょうを見て、あとの問いに答えましょう。

1つ5点〔30点〕

①櫛田神社

②承天寺
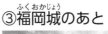

③福岡城のあと

④赤れんが文化館

(1) ①・②のたて物を表す地図記号を、_____からそれぞれえらびましょう。

① ☐　　② ☐

卍　田
开　凸

(2) ①～④にあてはまるせつ明を、㋐～㋑からそれぞれえらびましょう。

①（　　）②（　　）③（　　）④（　　）

㋐　1200年以上のれきしがあるとされ、博多祇園山笠の出発地になっている。

㋑　外国のえいきょうを受けたつくりで、今は会ぎ室としても使われている。

㋒　400年以上前にきずかれて町がつくられ、やぐらや石がきがのこっている。

㋓　外国からうどんやそばがつたわり、つくり方を広めた。

4 市の様子 右の地図を見て、次の問いに答えましょう。

1つ5点〔20点〕

(1) 福岡市の様子について、（　　）にあてはまることばを_____からそれぞれえらびましょう。

●畑が多く海に近い市の
①（　　　　）がわは、自然がゆたかである。

●博多や天神のあたりは、交通きかんをりようしてたくさんの人が集まるので、②（　　　　）が多く、③（　　　　）たて物もつくられている。

北　　東　　西　　工場　　店　　高い　　古い

広い公園や
海水よく場がある。

工場やそう庫が多い。

天神　　福岡空港

福岡城のあと

畑が多い。
海の近くでしぜんがゆたか。

櫛田神社

博多

高いたて物が目立つ。
お店や会社、古くからのこるたて物が多い。

油山

土地が高いところは、しぜんがゆたか。
油山にぼくじょうもある。

脊振山

住たくやお店、公共しせつが多い。

(2) 地図から考えられる福岡市の様子について、次の（　　）にあてはまる文を、「場所」ということばを使ってかんたんに書きましょう。

●地図から、市の様子は（　　　　　　　　　　）ことがわかる。

勉強した日　月　日

いかす

きほんのワーク

教科書　38〜39ページ　答え　5ページ

1 市をせんでんしよう

（　　）にあてはまることばを◯◯から書きましょう。

●せんでんポスターをつくるときは、市の①（　　　　　　）やガイドマップをさんこうにするとよい。

●市に来る人に②（　　　　　　）ことを考えてつくる。

　◆市のよいところを③（　　　　　）で表し、
　④（　　　　　　）に書く。

　◆せんでんしたい場所の⑤（　　　　　　）をはる。

●ポスターをつくったら、友だちの⑥（　　　　　　）を聞いて、よい考えのところをつたえ合う。

どんな人に何をせんでんするのか、考えよう。

| 文章 | 写真 | 広ほうし | 具体てき | つたえたい | 発表 |

（　　）にあてはまることばを◯◯から書きましょう。

よみトク！しりょう

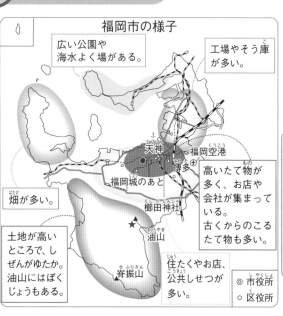

福岡市の様子

広い公園や海水よく場がある。

工場やそう庫が多い。

天神
福岡空港
博多
福岡城のあと
櫛田神社
油山

畑が多い。

高いたて物が多く、お店や会社が集まっている。古くからのこるたて物も多い。

土地が高いところで、しぜんがゆたか。油山にはぼくじょうもある。

脊振山

住たくやお店、公共しせつが多い。

◎ 市役所
○ 区役所

福岡市は古いお寺や城あとがのこる⑦（　　　　　　）のある場所です。海や山など⑧（　　　　　）も多く、⑨（　　　　　　）しやすいまちです。

地図の中に写真の場所をしめすとわかりやすいね。

| かんこう | 自然 | れきし |

しゃかいかエ場　福岡市には、外国から旅行に来る人が多いよ。そのため、英語や中国語、韓国語などいろいろなことばのガイドブックがつくられているよ。

練習のワーク

勉強した日　月　日

できた数　／10問中

おわったら
シールを
はろう

教科書　38〜39ページ　答え　5ページ

1 市のせんでんポスターのつくり方について、正しいものに○、あやまっているものに×を書きましょう。

①（　　　）つたえたいことに合わせて、書くことを決める。

②（　　　）できるだけ文章だけでつくるようにする。

③（　　　）市のよいところは、なるべくかんたんに書く。

④（　　　）せんでん文でしょうかいした場所は、写真や地図でしめす。

2 右のせんでんポスターを見て、あとの問いに答えましょう。

博多や天神は　あ　が多くて買い物にべんりです。市役所（◆）などの公共しせつが多く、新しくマンションがつくられたアイランドシティ（●）もあります。福岡市は　い　です。

◆ ①

● ②

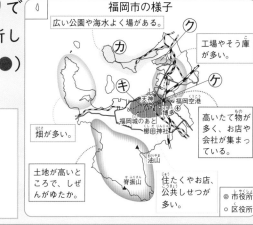

福岡市の様子

広い公園や海水よく場がある。

カ ク ケ キ

工場やそう庫が多い。

天神 福岡空港 博多

福岡城のあと 櫛田神社

高いたて物が多く、お店や会社が集まっている。

畑が多い。

油山

土地が高いところで、しぜんがゆたか。

脊振山

住たくやお店、公共しせつが多い。

◎ 市役所
○ 区役所

(1)　あ　にあてはまることばを、　　　からえらびましょう。（　　　　　）

住たく　お店　工場

(2)　①・②にあてはまる写真を、下の⑦〜⓪からそれぞれえらびましょう。また、写真がしめす場所を、地図中の⑰〜⑪からそれぞれえらびましょう。

①写真（　　）　場所（　　）　②写真（　　）　場所（　　）

⑦　　　　　　　　⑦　　　　　　　　⑦　　　　　　　　①

(3)　い　にあてはまる文を、次から1つえらび、○を書きましょう。

①（　　　）外国に行きやすいところ　　②（　　　）かんこうしやすいところ

③（　　　）生活にべんりなところ

ポイント　つたえたいまちのとく色を考えて、内ようを決める。

2 はたらく人とわたしたちのくらし

グラフの読み方

きほんのワーク

教科書　43、105ページ　｜　答え　5ページ

❶ ぼうグラフを読み取る／ふく数のグラフを読み取る

✎ （　）にあてはまることばを[ ]から書きましょう。

●右のグラフは、福岡市の主なやさいやくだものの

①（　　　　　　）を表しており、たんいは

②（　　　　　　）である。

●やさいやくだものの生産額のだいたいの数は、

③（　　　　　　）をもとに読み取る。

●いちごの生産額はおよそ④（　　　　　　）億円、か

ぶの生産額はおよそ⑤（　　　　　　）億円である。

福岡市の主なやさいやくだものの生産額

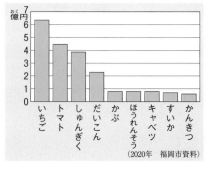

（2020年　福岡市資料）

| 1 | 6 | 生産額 | 目もり | 億円 |

> **ぼうグラフ**
> りょうをぼうの長さでしめしたグラフ。

✎ 2つのグラフを見て、（　）にあてはまることばを[ ]から書きましょう。

よみトク！グラフ

●⑦のグラフのたてじくは

⑥（　　　　　　）、

⑦のグラフのたてじくは

⑦（　　　　　　）をしめす。

●横じくは⑧（　　　　　　）

をしめす。

●宇都宮市では、2015年に、

事故がおよそ⑨（　　　　　　）件、

事件がおよそ⑩（　　　　　　）件起きている。

●宇都宮市で事故がもっとも少なかったのは⑪（　　　　　　）年、事件がもっ

とも多かったのは⑫（　　　　　　）年である。

⑦宇都宮市の事故の数

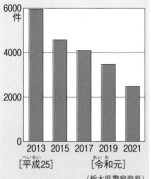

（栃木県警察資料）

⑦宇都宮市の事件の数

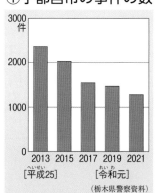

（栃木県警察資料）

| 年 | 事件の数 | 事故の数 | 2000 | 2013 | 2021 | 4500 |

しゃかいか工場 ぼうグラフは、ものの数をくらべたり、年によって数がどのようにかわっているかをしめすのに使われるよ。

練習のワーク

勉強した日　　月　　日

できた数
／11問中

おわったら
シールを
はろう

教科書　43、105ページ　答え　5ページ

1 右のグラフを見て、次の問いに答えましょう。

(1)　右のような形のグラフを何といいますか。

（　　　　　　　　）

ある市の主なやさいの生産額

(2)　次の表をもとに、たまねぎとほうれんそうのグラフを完成させましょう。

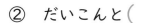

	たまねぎ	ほうれんそう
生産額	5億1000万円	1億9000万円

(3)　次の（　　）にあてはまることばを、　　からそれぞれえらびましょう。

①　レタスの生産額は、（　　　　　　　　）のおよそ半分である。

②　だいこんと（　　　　　　　）は、生産額がほぼ同じである。

③　生産額が（　　　　　）億円以上のやさいは、ねぎ、だいこん、トマトである。

④　生産額をくらべると、いちばん多いものは、いちばん少ないもののおよそ（　　　　　　）倍の額である。

　　6
　　9
　ねぎ
　トマト

2 右の2つのグラフについて、正しいものに○、あやまっているものに×を書きましょう。

①（　　）市の事故の数がもっとも多かった年は、2023年である。

②（　　）市の事件の数がもっとも少なかった年は、2020年である。

③（　　）市の事故と事件の数は、へりつづけている。

④（　　）2019年と2023年の数をくらべると、事故も事件も少なくなっている。

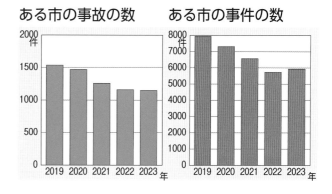

ある市の事故の数　　ある市の事件の数

ポイント　ぼうグラフにすると、数のちがいがわかりやすい。

27

1 農家の仕事①

もくひょう
福岡市で多くつくられているやさいやくだものを調べよう。

おわったらシールをはろう

きほんのワーク

教科書 40〜45ページ 　 答え 6ページ

---

1 市でつくられるやさいやくだもの

✎ （ ）にあてはまることばを □ から書きましょう。

よみトク！ 地図

福岡市でつくられる主なやさいやくだもの

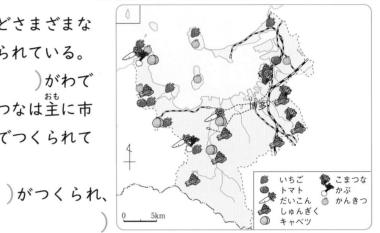

● 市では、いちごやトマトなどさまざまな
① （　　　　　　　　）がつくられている。

● いちごは市の② （　　　　　　　　）がわで
多くつくられていて、こまつなは主に市
の③ （　　　　　　　　）がわでつくられて
いる。

● 市全体で④ （　　　　　　　　）がつくられ、
島ではあまなつなどの⑤ （　　　　　　　　）
がつくられている。

> みかんのなかまのくだものをかんきつというよ。

しゅんぎく　　かんきつ　　作物　　東　　西

---

2 特産品のあまおう

✎ （ ）にあてはまることばを □ から書きましょう。

● いちごのあまおうは、福岡市の
⑥ （　　　　　　　　）である。

● あまおうは⑦ （　　　　　　　　）でつくられてい
て、⑧ （＿＿＿＿＿＿＿＿）というしせつも使われ
ている。

● あまおうづくりについて調べるときは、あまおう
をつくる⑨ （　　　　　　　　）に見学に行く。

● 見学に行って見ることや聞くことは、
⑩ （　　　　　　　　）にまとめておく。

特産品
その地いきでつくられるものとして有名なもの。

農家　　ビニールハウス　　見学カード　　特産品　　畑

しゃかいか工場　いちごは、くだものとして売られていることが多いけど、実はやさいのなかまだよ。木に実がなるものが主にくだものとよばれるよ。

練習のワーク

教科書 40〜45ページ　答え 6ページ

できた数
／11問中

おわったら
シールを
はろう

1 右のグラフを見て、次の問いに答えましょう。

(1) 福岡市で、いちばん生産額が多い作物は何ですか。　（　　　　　　　）

(2) しゅんぎくの生産額は、およそ何億円ですか。　（　　　　　　　）億円

(3) グラフを正しく読み取っているものを、次から2つえらびましょう。　（　　）（　　）

　　⑦ キャベツの生産額は、しゅんぎくの生産額より少ない。

　　⑦ すいかの生産額は2億円をこえている。

　　⑦ いちごの生産額は、すいかの生産額より4億円以上多い。

　　⑦ だいこんとほうれんそうは、どちらも生産額が1億円をこえている。

福岡市の主なやさいやくだものの生産額

(2020年 福岡市資料)

2 あまおうについて、次の問いに答えましょう。

(1) 福岡市のあまおうについて、正しいものに〇、あやまっているものに×を書きましょう。

　①（　　　）あまおうは、福岡市の特産品である。

　②（　　　）農業協同組合（JA）ではたらく人だけがつくっている。

　③（　　　）あまおうは、福岡市の西区だけでつくられている。

　④（　　　）あまおうは、畑やビニールハウスでつくられている。

(2) あまおうづくりについて調べるための見学カードをつくります。見学カードの①〜③にあてはまることばを、　　　からそれぞれえらびましょう。

見学カード

> 見てくること
> ●はたらいている①（　　　　　　　　　）の様子。
> ●どんな②（　　　　　　　　　）が使われているか。
> 聞いてくること
> ●あまおうをつくるときに③（　　　　　　　　　）を使うのはなぜか。

道具　　直売所
ビニールハウス
田　　　人

ポイント 福岡市はいちごづくりがさかんで、あまおうは特産品。

1　農家の仕事②

きほんのワーク

1　あまおうづくりの1年間

✏ （　　）にあてはまることばを▭から書きましょう。

よみトク！しりょう　　あまおうづくりのカレンダー

6月	7月	8月	9月	10月	11月	12月	1月(次の年)	2月	3月	4月	5月

●なえを育てる　　　　●花がさく●みつばちを入れる

●なえをひやす

③（　　　　　　　　）を植える

●電しょうをする

④（　　　　　　　　）をつける

①（　　　　　　　）づくり

畑の②（　　　　　　）

⑤（　　　　　　　　）

●次の年に植えるなえを育てる

> なえ　しゅうかく　土
> だんぼう　　しょうどく

📌 **電しょう**
電気の明かりでてらすこと。

✏ （　　）にあてはまることばを▭から書きましょう。

●あまおうづくりの仕事は、⑥（　　　　　　　　　　）によってちがう作業がある。

●たくさんのあまおうをつくれるように、作業は⑦（　　　　　　　　　）を立てて行われている。

●あまおうをつくる土地は、⑧（　　　　　　　　）がよく、水はけがよいところがてきしている。

> 計画
> きせつ
> 日当たり

農家の人は、作業がおくれないように、どうしているのかな？

見学のしかた

●畑や作業の様子を⑨（　　　　　　　　）する。

●ぎもんに思ったことは、農家の人に⑩（　　　　　　　）する。

●作物や土などに、じっさいに⑪（　　　　　　　）。

●わかったことやぎもんに思ったことを⑫（　　　　　　　）する。

●見学が終わったら、農家の人にお礼を言う。

> きろく　しつもん　ふれる　かんさつ

しゃかいか工場 農家では、ひりょうとして「たいひ」を使っているところもあるよ。たいひは、牛やぶた、にわとりのふんにわらや木のかわをまぜてつくる、昔からのひりょうだよ。

練習のワーク

できた数

／12問中

おわったら
シールを
はろう

1 あまおうづくりについて、次の問いに答えましょう。

(1) 次の絵にあう作業を、線でむすびましょう。

① 　　② 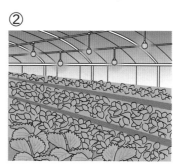　　③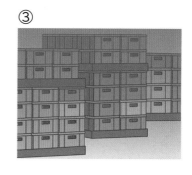

・　　　　　　　　・　　　　　　　　・

・　　　　　　　　・　　　　　　　　・

　⑦　なえをひやす　　　⑦　電しょうをする　　　⑦　しゅうかくする

(2) 「なえを育てる」から「しゅうかく」までに行う次の作業を、あまおうを育てるじゅんにならべましょう。　　　　（　　➡　　➡　　）

　⑦　みつばちを入れる　　⑦　なえを植える　　⑦　だんぼうをつける

(3) あまおうづくりの仕事について、正しいものに〇、あやまっているものに×を書きましょう。

①（　　）1年中、なえを育てている。

②（　　）いくつもの作業を同時に行っているときもある。

③（　　）作業は計画よりおくれてもえいきょうはない。

④（　　）農家の人は、手間をかけてあまおうをつくっている。

2 農家の見学のしかたについて、次の①〜④にあてはまる内ようを、あとからそれぞれえらびましょう。

①　かんさつする　（　　）　　②　しつもんする　（　　）

③　ふれる　　　　（　　）　　④　きろくする　　（　　）

　⑦　わかったことは、メモをとったり、写真にとったりする。

　⑦　葉の手ざわりや、土のやわらかさを調べる。

　⑦　農家の人が、どのようになえをあつかうのかを注意して見る。

　⑦　どうしてその作業をするのか、農家の人に教えてもらう。

ポイント 農家の人は、計画を立ててあまおうをつくっている。

勉強した日 〉　　月　　日

もくひょう

農家の人の仕事には、どんなくふうがあるのか調べよう。

おわったらシールをはろう

1　農家の仕事③

きほんのワーク

教科書　48〜53ページ　　答え　7ページ

1　くふうがつまったあまおうづくり

農家の人のくふうについて、（　　）にあてはまることばを□□から書きましょう。

●冬にしゅうかくするため、**ビニールハウス**を使う。夜に①（　　　　　　　　　）せつびで明るくしたり、②（　　　　　　　　　）せつびであたためたりする。

●なえは、8月にひやして花をさかせるじゅんびをさせる。よぶんな葉は「③（　　　　　　　　）」をしてとる。

●花に花ふんをつけるため、④（　　　　　　　　）を入れる。がい虫をふせぐび生物を使って、できるだけ⑤（　　　　　　　　）を使わないようにしている。

　　葉かぎ　　　電しょう　　　農薬　　　みつばち　　　だんぼう

2　いよいよしゅうかく／あまおうのキャッチコピーを考える

（　　）にあてはまることばを□□から書きましょう。

よみトク！しりょう

しゅうかくやパックづめは⑥（　　　　　　）で行う。ひとつひとつていねいにあつかう。

パックづめしたいちごを⑦（　　　　　　）へ送る。ここでねだんがつけられる。

スーパーマーケットなどに⑧（　　　　　　）で送る。ほかの県や市、外国にも送られる。

●農家の人がどのような⑨（　　　　　　）や努力をしていたか、文にまとめる。

●いちばんつたえたいことを⑩（　　　　　　）するキャッチコピーをつくる。

せんでんシール

まごころあまおう
ひとつひとつ大切に手でしゅうかくしました。

　　せんでん　　　トラック　　　手作業　　　中央卸売市場　　　くふう

しゃかいか工場

市場でのねだんの決め方には「せり」という方法があるよ。店の人が、買いたいと思うねだんをつけ合い、いちばん高いねだんをつけた人が買う方法だよ。

練習のワーク

教科書　48～53ページ　　答え　7ページ

1 次の問いに答えましょう。

(1) 次のくふうの内ようを、あとからそれぞれえらびましょう。

①(　　　)　②(　　　)　③(　　　)　④(　　　)

㋐　「葉かぎ」をして、いちごの実にえいようが集まるようにする。

㋑　だんぼうせつびを使い、あたたかいかんきょうをつくる。

㋒　花に花ふんがついて、実がなるようにする。

㋓　冬と同じかんきょうをつくり、なえに花をさかせるじゅんびをさせる。

(2) (1)の①で使われている、中でいちごを育てるためのしせつを何といいますか。

(　　　　　　　　　)

(3) 右の図について、正しいものに〇、あやまっ
ているものに×を書きましょう。

①(　　)あまおうは、すべての店に農家が
直せつとどけている。

②(　　)あまおうは、ほかの県や市など遠
いところにも送られる。

③(　　)あまおうは、中央卸売市場から店
に運ばれる。

④(　　)あまおうはトラックで運ばれるの
で、外国には送られない。

あまおうの送り先

2 次の文にあうキャッチコピーを、あとからそれぞれえらびましょう。

① 日当たりや水はけがよい土地を生かして、いちごをつくっています。(　　　)

② 生き物の力をりようして、使う農薬をへらしています。(　　　)

㋐　安心でおいしいあまおう　　　㋑　あまおうはねだんが安い

㋒　冬も食べられるいちごづくり　㋓　おいしいいちごが育つ福岡市

ポイント　　あまおうは、さまざまなくふうをして大切に育てられている。

まとめのテスト

1 農家の仕事

とく点 /100点

教科書 40〜53ページ 答え 8ページ

時間 20分

1 市でつくられるやさいやくだもの 次の問いに答えましょう。

1つ5点〔30点〕

(1) 右の地図を見て、正しいものに○、あやまっているものに×を書きましょう。

① ( ) 川の近くでは、主にかぶがつくられている。

② ( ) 島や海に近いところで、かんきつがつくられている。

③ ( ) いちごは、市の西がわでたくさんつくられている。

④ ( ) だいこんは、主に市の東がわでつくられている。

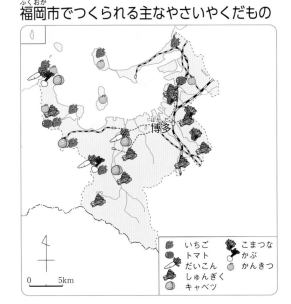

福岡市でつくられる主なやさいやくだもの

いちご / トマト / だいこん / しゅんぎく / キャベツ / こまつな / かぶ / かんきつ

0 5km

思考

(2) 農家を見学するときに、見てくることには○、聞いてくることには△を書きましょう。

① ( ) 作業をするときに気をつけていることは何か。

② ( ) 農家の人は、どのように道具をあつかっているか。

2 農家の1年 次のあまおうづくりのカレンダーを見て、あとの問いに答えましょう。

1つ5点〔20点〕

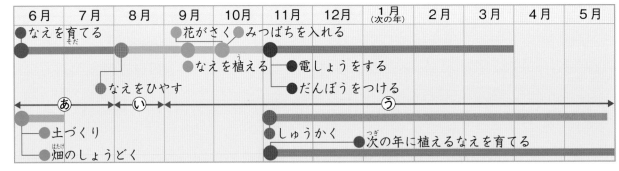

| 6月 | 7月 | 8月 | 9月 | 10月 | 11月 | 12月 | 1月(次の年) | 2月 | 3月 | 4月 | 5月 |

なえを育てる・花がさく・みつばちを入れる・なえを植える・電しょうをする・だんぼうをつける・なえをひやす・あ・い・う・土づくり・畑のしょうどく・しゅうかく・次の年に植えるなえを育てる

よく出る

(1) 次の文の（ ）にあてはまる数字やことばをそれぞれ書きましょう。

● なえは①（ 月 ）に植え、②（ 月 ）に花がさく。

● 11月から5月までは、あまおうを③（ ）しながら、次の年に植えるなえを育てている。

(2) あまおうづくりにはビニールハウスも使われます。あまおうの場合、ビニールハウスが使われるのは、カレンダーのあ〜うのどの時期ですか。 （ ）

3 農家の人のくふう 次の問いに答えましょう。

思考

(1) 次の農家の人の話にあてはまる作業を、あとからそれぞれえらびましょう。

①（　　　　）気温がひくい冬でも、いちごが育つようにしています。

②（　　　　）花に花ふんがついて、形のよい実ができるようにします。

③（　　　　）花をさかせるじゅんびをするよう、冬と同じかんきょうにします。

⑦　ビニールハウスの中にみつばちを入れる。

⑦　なえをれいぞうこでひやす。

⑦　だんぼうでビニールハウスの中をあたためる。

チャレンジ!

(2) ビニールハウスを使うときと使わないときでは、どのようなちがいがあります

か。次のカレンダーを見て、あとの文の□□□にあてはまることばを書きましょう。

（　　　　　　　　　　　　　　　　）

	6月	7月	8月	9月	10月	11月	12月	1月 (次の年)	2月	3月	4月	5月
ビニールハウスを使う							しゅうかく					
ビニールハウスを使わない											しゅうかく	

●ビニールハウスを使うと、しゅうかくできる期間を□□□□□ことができます。

4 あまおうのしゅうかくや送り先 次の問いに答えましょう。

(1) あまおうのしゅうかくや、しゅうかくしたあとの様子について、正しいもの2

つに〇を書きましょう。

⑦（　　　　）あまおうのしゅうかくは、手作業で行う。

⑦（　　　　）あまおうは、とるときにいちばんうれているものをしゅうかくする。

⑦（　　　　）福岡市でつくられたあまおうは、市内の店だけで売られる。

⑦（　　　　）あまおうは、給食やおかしの材料にも使われる。

(2) あまおうのせんでんシールの□□□にあてはまることばを、あとの┌┄┐からそれ

ぞれえらびましょう。

①（　　　　　　　　）　②（　　　　　　　　）　③（　　　　　　　　）

まごころあまおう
おいしいあまおうを
つくるため、□□の
人はさまざまなくふう
をしています。

畑から食たくへ
あまおうは□□や
スーパーマーケットな
どに運ばれて、わたし
たちのもとにとどきま
す。

ふくおかのほこり
あまおうは福岡市の
□□で、福岡市だけ
でなく、広く知られて
います。

あまおうは福岡市の人た
ちにとって、身近で大切
なものなんだね。

中央卸売市場　　農家　　特産品

1　工場の仕事①

教科書　54〜57ページ　　答え　8ページ

もくひょう
市にある工場を調べて、工場の仕事を学習する計画を立てよう。

おわったらシールをはろう

きほんのワーク

1　福岡市のおみやげ

福岡市の工場について、（　　）にあてはまることばを　　から書きましょう。

よみトク！グラフ

- 市では、①（　　　　　　　　）や飲み物をつくる工場がいちばん多い。
- 市には、およそ20の②（　　　　　　　　）工場があり、③（　　　　　　　）せい品をつくる工場がおよそ10ある。

金ぞく　　いんさつ　　食べ物

工場
きかいやきぐをそなえて、ものをつくったり加工したりするところ。

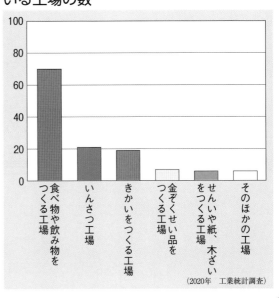

福岡市で30人以上の人がはたらいている工場の数

（2020年　工業統計調査）

2　まちで人気の明太子

次の見学カードの（　　）にあてはまることばを　　から書きましょう。

明太子工場の見学カード

・見学に行く日（　　月　　日）　・見学する工場（　　　　　）

- ④（　　　　　　　　　　　）こと
  - ◆明太子の⑤（　　　　　　　　）
  - ◆工場で使っている
    ⑥（　　　　　　　　）
  - ◆はたらいている人の様子や
    ⑦（　　　　　　　　）

- ⑧（　　　　　　　　　　　）こと
  - ◆工場ではたらいている人の数
  - ◆1日につくる明太子の
    ⑨（　　　　　　　　）
  - ◆おいしい明太子のつくり方

聞いてくる　　見てくる　　服そう　　りょう　　きかい　　原料

  しゃかいか工場　福岡市のおみやげには「博多」と書いてあることが多いね。これは福岡市の一部が「博多」というまちとして古くからさかえてきたからだよ。

練習のワーク

教科書　54〜57ページ　答え　8ページ

できた数　／10問中

おわったらシールをはろう

勉強した日　月　日

1 次の地図やグラフを見て、あとの問いに答えましょう。

区ごとの工場の数

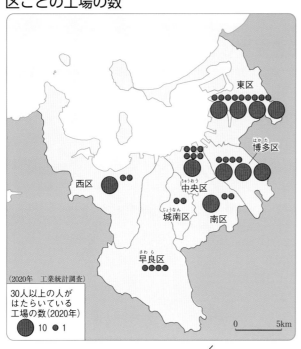

福岡市で30人以上の人がはたらいている工場の数

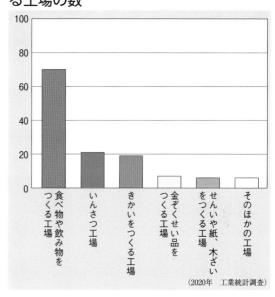

(1) 工場の数がいちばん多い区は、何区ですか。　（　　　　　）

(2) 博多区の工場の数は、いくつですか。　（　　　　　）

(3) 福岡市の工場について、正しいもの2つに〇を書きましょう。

　⑦（　　　）市には工場がまったくない区もある。

　⑦（　　　）工場が多い地いきは、市の東がわにある。

　⑦（　　　）食べ物や飲み物をつくる工場は、およそ70ある。

　⑦（　　　）きかいをつくる工場より、金ぞくせい品をつくる工場の方が多い。

2 明太子工場を見学するときに、見たり、聞いたりすることとして、正しいものに〇、あやまっているものに×を書きましょう。

①（　　　）工場では、どのようなきかいを使っているか。

②（　　　）工場のまわりの畑でつくられている作物は何か。

③（　　　）明太子は、どのようなじゅんじょでつくられるか。

④（　　　）工場に見学に来る人は、1日にどれくらいいるか。

⑤（　　　）工場ではたらく人は、どんな服そうで工場まで通っているか。

⑥（　　　）明太子の原料には、何が使われているか。

 ポイント　工場を見学するときは、見学カードをつくり、計画を立てる。

37

1　工場の仕事②

きほんのワーク

教科書　58〜59ページ　　答え　9ページ

1 明太子ができるまで

✎（　　）にあてはまることばを[　　]から書きましょう。

よみトク！しりょう

明太子の①（　　　　　　　）になるすけとうだらのたまごは、ロシアや②（　　　　　　　）から仕入れている。

ロシア　すけとうだら　アメリカ
工場
すけとうだら

●たまごをしおづけにしたたらこは、③（　　　　　　　）でほかんされる。

原料

ものをつくるときの、もとになる材料のこと。

[アメリカ　　れいぞう庫　　原料]

たらこに手をくわえて明太子をつくるんだね。

明太子のつくり方

1．とうがらしなどの調味料をまぜてたれをつくる。たらこは、きずや色などをかくにんして④（　　　　　　　）する。

2．たらこの大きさやじょうたいに合わせて⑤（　　　　　　　）をかける。

3．0度でほかんしてじゅくせいさせる。ふっくらした明太子になる。

4．決まった重さになるように⑥（　　　　　　　）してパックにつめる。

5．ようきにフィルムをはって⑦（　　　　　　　）する。

●少ない人数でもたくさんつくれるよう、⑧（　　　　　　　）を使って仕事をしている。

●温度をかんりして、明太子の⑨（　　　　　　　）さを守っている。

[きかい　　計りょう　　せんべつ　　新せん　　たれ　　みっぷう]

しゃかいか工場　すけとうだらは、明太子のほかにちくわやかまぼこ、魚肉ソーセージ、白身フライなど、さまざまな食品に使われているよ。

勉強した日 ▶ 　月　　日

できた数

／11問中

おわったら
シールを
はろう

練習のワーク

| 教科書 | 58〜59ページ | 答え | 9ページ |

1 明太子の原料について、正しいもの2つに○を書きましょう。

⑦（　　）いろいろな魚のすり身を使っている。

⑦（　　）すけとうだらのたまごを使っている。

⑦（　　）主に外国から運ばれてきている。

⑤（　　）日本でとれたものだけを使うようにしている。

2 次の明太子ができるまでの絵を見て、あとの問いに答えましょう。

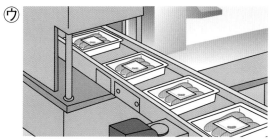

(1) 次の文にあてはまる作業を、⑦〜⑤からそれぞれえらびましょう。

① たれをたらこにかけて、しみこませる。 （　　）

② 明太子が入ったようきにフィルムをはり、ふたをする。 （　　）

③ やわらかさや色、きずがないかなどをチェックする。 （　　）

④ 重さをはかりながら、明太子をパックにつめていく。 （　　）

(2) ⑦〜⑤の作業を、明太子をつくるじゅんにならべましょう。

（　　➡　　➡　　➡　　）

(3) 明太子をつくる工場の様子について、正しいものに○、あやまっているものに
×を書きましょう。

①（　　）作業ごとにたん当する人がいて、それぞれの仕事をしている。

②（　　）きかいを使うので、多くの人数ではたらいている。

③（　　）たらこの大きさややわらかさにかんけいなく同じつくり方をしている。

④（　　）きかいだけでなく、人の手で行う仕事もある。

ポイント　工場ではきかいや人がさまざまな仕事をしている。

もくひょう・
工場ではたらく人々が気をつけていることをとらえよう。

おわったら
シールを
はろう

1 工場の仕事③

きほんのワーク

教科書 60〜65ページ　答え 9ページ

1 はたらく人が気をつけていること

（　）にあてはまることばを◯◯から書きましょう。

えいせい
せいけつにたもつこと。

よみトク！ しりょう

きかいを使って、パックにつめる明太子の重さを①（　　　　）、正かくにそろえる。

明太子が10度より高くにならないように、きびしく②（　　　　）をかんりしている。

服の③（　　　　）を落としてから工場に入り、長ぐつのそこを④（　　　　）して、手ぶくろをつけて作業を始める。

消どく	早く	ほこり	温度

2 明太子はどこへ／明太子のキャッチコピーを考える

（　）にあてはまることばを◯◯から書きましょう。

● 工場でつくった明太子を売る店は、ほとんどが⑤（　　　　）内にある。
● 電話やアプリで注文された商品は、⑥（　　　　）で送っている。
● 明太子を広めるため、工場の人は⑦（　　　　）商品を開発したり、地いきの人が楽しめる⑧（　　　　）を開いたりしている。

たくはいびん	イベント	福岡県	新しい

安心をとどける
工場では、せいけつな服を着て、⑨（　　　　）に気をつけています。

手づくりのおいしさ
ていねいに、工場ではたらく⑩（　　　　）の人たちがつくっています。

←せんでんシール

地元
えいせい

しゃかいか工場 食べ物をつくる工場では、身のまわりをせいけつにするほか、体調をチェックして体に悪いものを工場の中にもちこまないように気をつけているよ。

練習のワーク

勉強した日　月　日

できた数
／10問中

おわったら
シールを
はろう

教科書　60〜65ページ　答え　9ページ

1 明太子工場ではたらく人が、次のことのために行っていることを、あとからそれぞれえらびましょう。

① きかいを使って、早く、正かくに作業をする。（　　）（　　）

② 明太子を10度以下にたもつ。（　　）（　　）

③ えいせい面に気をつける。（　　）（　　）

⑦ ぼうしや手ぶくろを身につける。

⑦ 自動の計りょうきで重さをはかる。

⑦ たらこをれいぞう庫から出したら、タイマーで時間をかくにんする。

⑦ 明太子のパックに金ぞくが入っていないか、けんさする。

⑦ 工場の中の温度をかんりする。

⑦ ていねいに手あらいをする。

2 次の問いに答えましょう。

(1) 工場でつくられた明太子を売る店について、正しいもの2つに○を書きましょう。

⑦（　　）明太子を売る店は、すべて福岡県にある。

⑦（　　）福岡県にある店のうち、多くは福岡市内にある。

⑦（　　）明太子を売る店は、高速道路に近いところにある。

⑦（　　）福岡県にある店の数は、30店より少ない。

明太子が売られている店（直営店）

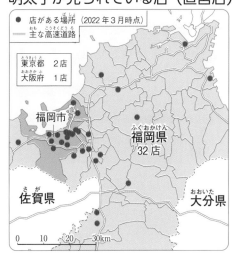

● 店がある場所（2022年3月時点）
== 主な高速道路

東京都　2店
大阪府　1店

福岡市

福岡県
32店

佐賀県

大分県

0　10　20　30km

(2) 次の文の（　　）にあてはまることばを、____からえらびましょう。

●多くの会社がそれぞれの味つけの明太子をつくるようになり、明太子は福岡市の（　　　　　）になった。

原料　名物　ひみつ

(3) 右のせんでんシールのキャッチフレーズにあうものを、次からえらびましょう。

⑦ でんとうをつたえる明太子

⑦ 外国とつながる明太子

⑦ 新しいおいしさの明太子

（　　　　　）

今から70年以上前につくられた明太子は、研究を重ねてげんざいの味になりました。

ポイント 食べ物をあつかう工場では、えいせいに気をつけている。

まとめのテスト

1　工場の仕事

教科書　54〜65ページ　　答え　10ページ

---

1 福岡市の工場　**次の問いに答えましょう。**

1つ5点〔25点〕

(1)　右の地図を見て、次の文の（　）にあてはまることばや数字を書きましょう。

●30人以上がはたらいている工場の数がいちばん多い区は①（　　　　　　）で、区の中にある工場の数は②（　　　　　　）である。

(2)　工場の見学の計画について、見てくることには〇、聞いてくることには△を書きましょう。

①（　　）工場ではたらいている人の数

②（　　）はたらく人の仕事の様子

③（　　）おいしい明太子のつくり方

区ごとの工場の数

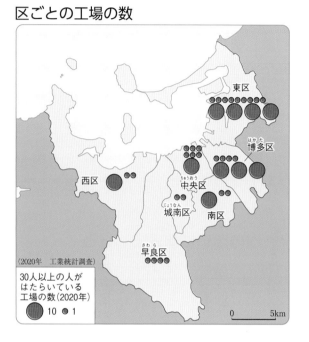

（2020年　工業統計調査）

30人以上の人が
はたらいている
工場の数（2020年）
⬤ 10　● 1

0　　　　5km

---

2 明太子ができるまで　**次の問いに答えましょう。**

1つ5点〔30点〕

(1)　次の絵にあてはまる作業を、あとからそれぞれえらびましょう。

①（　　　）　　②（　　　）　　③（　　　）　　④（　　　）

㋐　たれをかける　　㋑　計りょう　　㋒　みっぷう　　㋓　せんべつ

(2)　次の文にあてはまることばを、[　]からそれぞれえらびましょう。

●明太子の工場には、外国でとれたすけとうだらのたまごが明太子の①（　　　　　　）として送られてくる。

●工場ではいろいろな仕事があり、たらこにきずがないかチェックする作業は②（　　　　　　）が行っている。

> 人　　ライン　　きかい　　せい品　　原料

3 工場ではたらく人のくふう あとの問いに答えましょう。 (3)は10点、1つ5点〔30点〕

あ工場で使われているきかい

い工場の人の様子

思考

(1) あのしりょうについて、きかいを使うようになったあとの様子として、あてはまるもの2つに〇を書きましょう。

⑦（　　）作業にかかる時間が短くなった。

⑦（　　）作業をたん当する人数が多くなった。

⑦（　　）むずかしい作業を行いやすくなった。

⑦（　　）1日に明太子をつくるりょうがへった。

(2) いのしりょうについて、①・②は何をしている様子ですか。次からそれぞれえらびましょう。 ①（　　）　②（　　）

⑦　温度をかくにんしている。 　　⑦　長ぐつのそこを消どくしている。

⑦　服のほこりを落としている。 　　⑦　手にきずがないかかくにんしている。

叙述

(3) 工場の人が(2)のことをする理由を、かんたんに書きましょう。

●食べ物をあつかうので（　　　　　　　　　　　　　　　　　　　）。

4 工場と地いきのかかわり 次の問いに答えましょう。 1つ5点〔15点〕

(1) 工場ではたらく人は、主にどこから来ていますか。次からえらびましょう。

（　　　）

⑦　福岡市内　　⑦　福岡市外　　⑦　ほかの県

(2) 右の地図を見て、次の文の（　　）にあてはまることばを書きましょう。

●工場から運ばれた明太子は、ほとんどが

（　　　　　　　　　　）県内で売られている。

思考

(3) 次のせんでんシールの　　にあてはまることばを、地図をさんこうにして書きましょう。

（　　　　　　　　　　　　　　　　　　）

明太子が売られている店

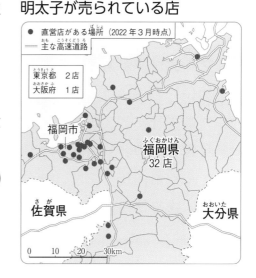

● 直営店がある場所（2022年3月時点）
━━ 主な高速道路

東京都　2店
大阪府　1店

福岡市

福岡県
32店

佐賀県

大分県

0　10　20　30km

福岡の名物　明太子

明太子は、まちの人だけでなく、今では全国の人たちが　　として買っていくようになり、広く親しまれています。

2 店ではたらく人①

きほんのワーク

勉強した日　月　日

もくひょう
よく買い物に行く店
と、その店に行く理由
を調べよう。

おわったら
シールを
はろう

教科書　66〜69ページ　答え　10ページ

1　よく買い物に行く店

✎（　　）にあてはまることばを□□□から書きましょう。

● 大きな①（　　　　　　　　　）へ家の人と車で行く。

● カメラを買うときは、せんもんの売り場がある
大型の②（　　　　　　　　　）に行く。

まとめ買いをするときは
車で行くとべんりだね。

● 八百屋さんやお肉屋さんがある③（　　　　　　　　　）でも買い物をする。

● おそい時間も開いている④（　　　　　　　　　）は急な買い物にべんりである。

> コンビニエンスストア　　商店がい
> スーパーマーケット　　でんき店

八百屋
主にやさいやくだものな
どを売っているお店。

2　買い物調べ

✎右の地図を見て、（　　）にあてはまることばを□□□から書きましょう。

よみトク！しりょう

● 商店がいは、
⑤（　　　　　　　）の近くに
ある。

● 家からはなれたところには、
⑥（　　　　　　　）スーパー
マーケットがある。店には広い
⑦（　　　　　　　）があるの
で車で行くことができる。

● 商店がいの⑧（　　　　　　　）
さんやお肉屋さんで、それぞれ
買い物をする人もいる。

家の人がよく行く店

はなれたところ（学校から見て南がわ）にある大きなスーパー
マーケット（車で行った）

> ちゅう車場　　八百屋　　大きな　　駅

しゃかいか工場　やさいを売る店を「八百屋」というよ。昔はやさいを青物といったので「青物屋」だった
のが、「青屋（あおや）」にかわり、「八百屋（やおや）」にかわったといわれているよ。

練習のワーク

できた数

／11問中

おわったら
シールを
はろう

教科書 66〜69ページ 答え 10ページ

1 右の買い物調べのしつもんカードについて、次の問いに答えましょう。

(1) しつもんカードの①〜③に書く文を、次
からそれぞれえらびましょう。

　①（　　）　②（　　）　③（　　）

　⑦　社会科で買い物について調べています。

　①　ご協力ありがとうございました。

　⑦　わたしたちは３年２組一同です。

(2) しつもんをつくるときのよいつくり方と
して、正しいものに〇、あやまっているも
のに×を書きましょう。

　①（　　）知っている店のことだけを聞く。

　②（　　）まとめ方も考えながらつくる。

　③（　　）しつもんの内ようを整理してからつくる。

　④（　　）調べることはあとから決めるので、たくさんしつもんする。

しつもんカード

①
②

次のしつもんにお答えください。

・よく買い物に行く店はどこですか。

_____

・なぜそのお店に行きますか。

_____

③

○○小学校３年２組一同

2 家の人がよく行く店の集計けっかを見て、次の問いに答えましょう。

(1) 行った人がいちばん多い店を、次からえ
らびましょう。　　　　　　　　　（　　）

　⑦　スーパーマーケット

　①　八百屋さん

　⑦　お肉屋さん

　①　コンビニエンスストア

(2) 次のせつ明にあてはまる店を、集計けっ
かの⑤〜⑦からそれぞれえらびましょう。

　①（　　）すぐに買い物に行けて、ひつよ
　　　　　うなものが買える。

　②（　　）いつでも注文できて、家まで品
　　　　　物をとどけてくれる。

　③（　　）車で行って、一度にいろいろな
　　　　　品物をたくさん買える。

買い物調べの集計けっか

●●●●●●● ●●●●●●● ●●●	⑤ はなれたところに ある大きなスーパー マーケット
●●●●●●● ●●●●●	近くの スーパーマーケット①
●●●●●● ●●●●	近くの スーパーマーケット②
▲▲▲▲▲▲	八百屋さん
○○○○○	⑥ お肉屋さん
★★★	コンビニエンスストア
■■	⑦ 通信はん売

ポイント 店には、それぞれ買い物をしやすいわけがある。

45

もくひょう

店ではたらく人の仕事や売り場の様子を調べよう。

おわったらシールをはろう

2 店ではたらく人②

きほんのワーク

教科書 70〜75ページ | 答え 11ページ

1 スーパーマーケットについて話し合う

✎ 学習計画について、（　　）にあてはまることばを◻から書きましょう。

●調べること

◆ どんな①（　　　　　　　　）を売っていて、どのくらいのしゅるいがあるか。

◆ たくさんの②（　　　　　　　　）に来てもらうためにしているくふうは何か。

●調べ方

◆ スーパーマーケットを③（　　　　　　　　）する。

◆ 店ではたらいている人やお客さんに④（　　　　　　　　）をする。

◆ 売り方のくふうを⑤（　　　　　　　　）に教えてもらう。

| 見学 | お客さん | 店長さん | インタビュー | 品物 |

2 スーパーマーケットの様子

✎ 売り場の様子について、（　　）にあてはまることばを◻から書きましょう。

よみトク！ しりょう

品物を見つけやすくする⑥（　　　　　　　　）がある。

通路は⑦（　　　　　　　　）なっていて、きれいに品物がならんでいる。

やさいは、いろいろな⑧（　　　　　　　　）に切られている。

●切った魚や肉、調理した⑨（　　　　　　　　）が売られている。

●店には、品物をならべる人や⑩（　　　　　　　　）の外ではたらく人がいる。

| 売り場 | かんばん | 広く | 大きさ | おそうざい |

しゃかいか工場 さいきんは、セルフレジのある店がふえているね。レジのきかいにお客さんが自分で品物のねだんを読み取らせて、しはらいをするんだよ。

練習のワーク

できた数

／10問中

おわったら
シールを
はろう

1 スーパーマーケットの調べ方について、次の問いに答えましょう。

(1) スーパーマーケットについて、調べるとよいものを2つえらびましょう。

( )( )

　⑦　店にはどのくらいのしゅるいの品物があって、どこから来ているか。

　⑦　おいてある品物のなかに、自分が好きなものはあるか。

　⑦　店ではどれくらいの人がはたらいていて、どんな仕事をしているか。

　⑦　ちゅう車場には、どのような色の車がとまっているか。

(2) 次のことは、お客さんと店長さんのどちらにしつ問しますか。

( )

売り場では、買い物をしやすいように
どのようなくふうをしていますか。

2 スーパーマーケットについて、次の問いに答えましょう。

(1) スーパーマーケットの見学のしかたについて、正しいものに○、あやまっているものに×を書きましょう。

　①( )店の人や、お客さんのじゃまをしないようにする。

　②( )おいてある品物に、じっさいにさわってみる。

　③( )あいさつをしてから話を聞き、終わったらお礼を言う。

(2) 次の店の人の仕事にあてはまるせつ明を、あとからそれぞれえらびましょう。

　①( )　　　②( )　　　③( )　　　④( )

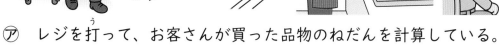

　⑦　レジを打って、お客さんが買った品物のねだんを計算している。

　⑦　売り場の外で、おそうざいをつくっている。

　⑦　足りなくなった品物を、店のおくから出している。

　⑦　お客さんのしつもんを受けつけている。

ポイント

店には、いろいろな仕事をしている人がいる。

2　店ではたらく人③

きほんのワーク

勉強した日　月　日

もくひょう・
店で売られている品物は、どこから来るのか調べよう。

おわったら
シールを
はろう

教科書　76〜77ページ　答え　11ページ

1　品物はどこから

（　）にあてはまることばを◻︎から書きましょう。

●品物がどこでつくられたのかを表す地名を

①（　　　　　　　　　　）という。

●品物の**産地**は、売り場の②（　　　　　　　　　）

やパッケージにはってあるシール、品物が

入っている③（　　　　　　　　）などに書かれている。

●地名が入った品物の④（　　　　　　　）がヒントになることもある。

> **産地**
> 作物や肉、魚などがつくられた場所やとれた場所のこと。

| 名前　　　ねふだ　　　だんボール　　　産地 |

（　）にあてはまることばを◻︎から書きましょう。

よみトク！しりょう

●スーパーマーケットに運ばれてくる

にんじんやたまねぎは

⑤（　　　　　　　　　）から来ている。

●キャベツは群馬県から、レタスは

⑥（　　　　　　　　）から運ばれて

くる。

●魚のぶりは⑦（　　　　　　　）か

ら来ている。

●品物は、⑧（　　　　　　　）のさ

まざまなところから運ばれてくる。

品物の産地

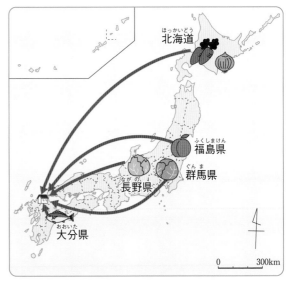

●品物は、ほかの市や県だけでなく⑨（　　　　　　　）からも送られてくる。

●新せんなうちに店に出せるように、⑩（　　　　　　　）で運ぶ時間や運び方をく

ふうしている。

| 外国　　　国内　　　大分県　　　長野県　　　北海道　　　トラック |

しゃかいか工場　「地産地消」ということばを知っているかな。その地いきでつくった米・やさい・くだものやとれた魚などを、その地いきで食べようという取り組みのことだよ。

練習のワーク

でった数

／11問中

おわったら
シールを
はろう

1 右の絵を見て、次の問いに答えましょう。

(1) 右の①・②の品物の産地を、それぞれ書きましょう。

①（　　　　　）

②（　　　　　）

(2) 右の絵からわかることとして、正しいものに〇、あやまっているものに×を書きましょう。

①（　　）売り場には、産地がわからない品物もある。

②（　　）パッケージのシールには、ねだんと産地が書いてある。

③（　　）だんボールには、品物の名前だけが書かれている。

④（　　）店では、いろいろな産地から品物が運ばれてきている。

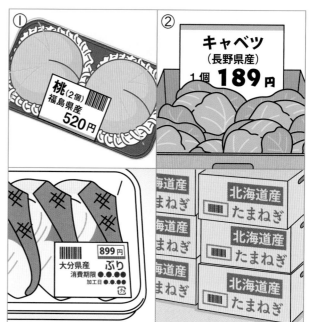

2 右の地図を見て、次の問いに答えましょう。

(1) 次の①・②の品物の産地の名前を、地図からそれぞれえらびましょう。

① 牛肉　　　　　（　　　　　）

② にんにく　　　（　　　　　）

(2) 次の①・②の国からスーパーマーケットに送られてくる品物を、あとからそれぞれえらびましょう。

① ニュージーランド　　（　　　）

② メキシコ　　　　　　（　　　）

　㋐ アボカド　　㋑ ぶどう

　㋒ バナナ　　　㋓ キウイフルーツ

(3) 地図にえがかれている、人々のねがいや気持ちがこめられた国を表すめじるしとなる旗を何といいますか。

（　　　　　　　　　）

外国から運ばれてくるもの

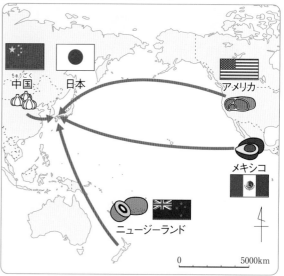

品物は、国内や外国のかく地から運ばれてくる。

49

まとめのテスト

2　店ではたらく人　①②③

とく点

/100点

教科書　66〜77ページ　　答え　11ページ

時間　20分

1 買い物に行く店　次のとくちょうにもっともあてはまる店を、あとの⑦〜①からそれぞれえらびましょう。

1つ5点〔20点〕

①（　　）肉屋や八百屋（やおや）など、いろいろなお店がならんでいる。

②（　　）早朝から夜おそくまで、いつでも開（あ）いていて買い物（もの）ができる。

③（　　）広いちゅう車場があり、いろいろな品物（しなもの）を一度（いちど）に買える。

④（　　）買い物に行けなくても、家まで品物をとどけてくれる。

⑦　スーパーマーケット　　　④　商店（しょうてん）がい

⑤　コンビニエンスストア　　　①　通信（つうしん）はん売

2 スーパーマーケットの見学　次の仕事（しごと）をしている人を、下の絵の⑦〜⑦からそれぞれえらびましょう。

1つ5点〔25点〕

①　店のおくから出してきた品物を、売り場にならべている。（　　）

②　パックにつめるための魚を切っている。（　　）

③　調理（ちょうり）をして、いろいろなおそうざいをつくっている。（　　）

④　レジを打（う）って、お客（きゃく）さんからお金をもらっている。（　　）

⑤　じむしょで、コンピューターを使（つか）った仕事をしている。（　　）

(1)　上の絵にあてはまるせつ明を、次からそれぞれえらびましょう。

①(　　　)　②(　　　)　③(　　　)

㋐　売り場には、品物の名前が書かれたかんばんがある。

㋑　やさいは、いろいろな大きさに切り分けられている。

㋒　店の中の通路は、はばが広くなっている。

(2)　次の文の(　　　)にあてはまることばを、⌐　⌐からえらびましょう。

●売り場の品物は、(　　　　　　　　　)ごとに
ならべて売られている。

しゅるい　形　重さ

(3)　売り場にかんばんをつけることで、どのようなよいことがあるか書きましょう。

(　　　　　　　　　　　　　　　　　　　　　　　　　　　　)

4 品物はどこから　次の問いに答えましょう。　1つ5点〔30点〕

(1)　右の2つの地図は、店に運ばれてくる品物の
産地を表しています。北海道から運ばれてくる
ものを、2つ書きましょう。

(　　　　　　　)
(　　　　　　　)

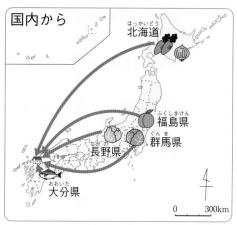

(2)　地図からわかることについて、正しいものに
○、あやまっているものに×を書きましょう。

①(　　　)国内から運ばれてくるものは、やさ
いだけである。

②(　　　)国内では、すべて近くの市や県から
品物が運ばれてくる。

③(　　　)外国からは、肉やくだものが運ばれ
てきている。

④(　　　)店では、いろいろな県や国から来た
品物が売られている。

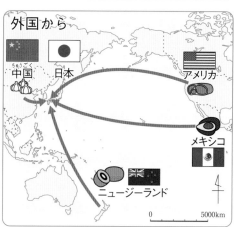

もくひょう・
店の人がしているくふうや、くふうをするわけを調べよう。

おわったらシールをはろう

2 店ではたらく人④

きほんのワーク

教科書 78〜79ページ　答え 12ページ

1 店ではたらく人

✎ インタビューの（　　）にあてはまることばを□□から書きましょう。

売り場で
はたらく人

お客さんのほしいものが買えるように、売り場の品物は
①（　　　　　　　　　　　）ごとにならべます。売り場にはつ
ねに②（　　　　　　　　　　　）のよいものをならべるように
しています。ご意見箱やホームページなどでお客さんの
③（　　　　　　　　　　　）をよく聞き、お客さんが
④（　　　　　　　　　　　）をしやすい店づくりをしています。

品しつ	買い物
しゅるい	声

品しつ
おいしさや新せんさなど、品物のよしあし。

✎ （　　）にあてはまることばを□□から書きましょう。

よみトク！ しりょう

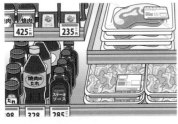

● やさいや魚などは、ひつような⑤（　　　　　　　　）
だけ買えるように切ったり、調理したりしたものを
売り場に出している。

● じむしょでは、品切れがないように
⑥（　　　　　　　　　　）で売れぐあいを調べて、品物
を注文している。

● お客さんが品物を見やすく、買いわすれをしないよ
うに品物の⑦（　　　　　　　）を考えている。

● 店では、売り場や外がわで⑧（　　　　　　　　　）の人がはたらいている。

● 店ではたらく人たちは、それぞれ⑨（　　　　　　　）仕事をしていて、お客さん
に来てもらうための⑩（　　　　　　　）をしている。

ならべ方	くふう	コンピューター	たくさん	りょう	ちがう

しゃかいか工場 スーパーマーケットの魚売り場では、お客さんの注文を受けてこのみの大きさに魚を切ってくれるところもあるよ。つくりたいりょう理に合わせて切ってくれるのでべんりだね。

練習のワーク

教科書 78～79ページ 答え 12ページ

1 店の人が気をつけていることとして、正しいものに○、あやまっているものに×を書きましょう。

①（ 　 ）いつでも品しつのよい品物をならべるようにしている。

②（ 　 ）品物のしゅるいをへらして、たくさんの数をおけるようにしている。

③（ 　 ）売り場は、お客さんがいないときだけ見に行くようにしている。

④（ 　 ）店のご意見箱などから、お客さんの声をよく聞くようにしている。

2 店ではたらく人の仕事について、次の問いに答えましょう。

(1) 次のお客さんのねがいをかなえる、はたらいている人のくふうを、あとからそれぞれえらびましょう。

①（ 　 　 ）

調理に手間がかからないお肉やお魚がほしい。

②（ 　 　 ）

売り場にある品物を見やすくしてほしい。

③（ 　 　 ）

ほしい商品が買えるように、品切れがないようにしてほしい。

④（ 　 　 ）

家族の人数に合わせて、ほしい分だけ買いたい。

㋐ やさいをいろいろな大きさに切って、売り場に出す。

㋑ 品物の売れぐあいを調べて、ひつような分を注文する。

㋒ どこに何があるかがわかりやすいように品物をならべる。

㋓ 天ぷらなどをつくって、できたてのものを売り場に出す。

(2) 次の絵は、(1)の㋐～㋓のどの仕事の様子ですか。それぞれえらびましょう。

①（ 　 ） ②（ 　 ） ③（ 　 ） ④（ 　 ）

 店は、お客さんが買い物しやすいようにくふうをしている。

53

勉強した日 ▶ 　月　　日

2　店ではたらく人⑤

もくひょう
お客さんのねがいをかなえる店の人の思いを調べよう。

おわったらシールをはろう

きほんのワーク

教科書　80〜83ページ　　答え　12ページ

1　お客さんのねがいをかなえるために

✎ （　　）にあてはまることばを □ から書きましょう。

よみトク！ しりょう

● 店には広い①（　　　　　　　　　　　）があるので、車で買い物に来ることができる。

● 品物が食べられる②（　　　　　　　　　　）や、品物を③（　　　　　　　　　　）がわかるようになっているので、安心して買うことができる。

● アプリを使うと、安い品物がわかったり、④（　　　　　　　　　　　）をためられるので、おとくになる。

 ● ごみをへらすため、店には⑤（　　　　　　　　　　）がつくられている。

● お客さんに⑥（　　　　　　　　　　）をかし出したり、買い物の手つだいをしている。

● スーパーマーケットは、品物を売るだけでなく、地いきの人々のためにいろいろな⑦（　　　　　　　　　　）をしている。

地いきこうけん
地いきの人たちの役に立つようにすること。

消ひ期げん　　リサイクルコーナー　　地いきこうけん

つくった人　　ちゅう車場　　ポイント　　車いす

2　調べたことを話し合い、新聞にまとめる

✎ **新聞のまとめ方について、（　　）にあてはまることばを □ から書きましょう。**

● 新聞の記事には、調べてわかった⑧（　　　　　　　　　　）だけを書く。

● さいごに、事実を知って、自分が考えた⑨（　　　　　　　　　　）を書く。

● 写真や⑩（　　　　　　　　　　）をくわえるとわかりやすい。

絵　　事実　　感想

店がどんなくふうをしていたか、ふり返ってまとめてみよう。

  しょうがいのある人を助ける「ほじょ犬」は、店に入ることができるよ。もうどう犬は目が不自由な人、かいじょ犬は体の不自由な人、ちょうどう犬は耳の不自由な人を助けるよ。

練習のワーク

勉強した日 ▶ 月 日

できた数

／10問中

おわったら
シールを
はろう

教科書 80〜83ページ　答え 12ページ

1 次の問いに答えましょう。

(1) 次のお客さんのねがいをかなえるために、スーパーマーケットにあるくふうを、あとからそれぞれえらびましょう。

①（　　　）となりの町に住んでいるので、車で買い物に行きたい。

②（　　　）買い物に行く前に、安い品物が何かを知りたい。

③（　　　）安心できる品物をえらんで買いたい。

　　⑦　スマートフォンのアプリ　　　④　つくった人の写真がある売り場

　　⑨　大きなちゅう車場

(2) 右の絵にあてはまる取り組みを、次からそれぞれえらびましょう。

　　　　　　　①（　　　）　②（　　　）

　　⑦　ごみをへらす。

　　④　お客さんが休けいできるようにする。

　　⑨　お客さんの買い物を手つだう。

2 調べたことをまとめる新聞について、次の問いに答えましょう。

(1) 新聞のよいつくり方として、正しいものに〇、あやまっているものに×を書きましょう。

①（　　　）はじめに自分が予想したことを書く。

②（　　　）事実と感想は、べつべつに分けて書く。

③（　　　）文章だけでなく、写真や絵をくわえる。

(2) 次にあてはまる部分を、下の新聞の⑦〜⑨からそれぞれえらびましょう。

　　　　　　① 事実（　　　）　　② 感想（　　　）

⑨店ではたらく人が、お客さんのためにさまざまなくふうをしているので、お客さんがたくさん来るのだと思いました。

④やさいは、いろいろな大きさに切って売られていました。お客さんは、ひつような分だけえらんで買うことができます。

⑦スーパーマーケットのくふう

近くのスーパーマーケットにはいつもたくさんのお客さんが来ています。人気のわけを調べました。

ポイント　店は品物を売るだけでなく、地いきこうけんにも取り組んでいる。

55

まとめのテスト

2　店ではたらく人④⑤

とく点

/100点

おわったら
シールを
はろう

教科書 78〜83ページ　答え 12ページ

時間 **20**分

1 店ではたらく人の仕事　**次の問いに答えましょう。**

1つ5点〔40点〕

(1)　次の仕事をしている人の話としてあてはまるものを、あとからそれぞれえらびましょう。

①(　　　)　②(　　　)　③(　　　)　④(　　　)

⑦　コンピューターで売れぐあいを調べ、品切れにならないように注文します。

④　お客さんがひつようなりょうを買えるようにしています。

⑰　お客さんが品物を見つけやすいように、考えてならべます。

⑤　1日に何回かに分けてつくり、できたてのものを売り場に出します。

(2)　店ではたらく人の仕事の様子について、正しいものに〇、あやまっているものに×を書きましょう。

①(　　　)どの人も、同じような仕事をしている。

②(　　　)あつかう品物の品しつに気をつけている。

③(　　　)店の人の手間をなくすお店づくりをいちばん大切にしている。

④(　　　)売り場の外がわでも、たくさんの人がはたらいている。

2 店のいろいろなくふう　**次の店長さんの話の①・②にかんけいのあるものを、あとから2つずつえらびましょう。**

1つ5点〔20点〕

お客さんが①安心して買い物できるように考えています。品物を売るだけでなく、②地いきこうけんも大切にしています。

①(　　　)(　　　)　②(　　　)(　　　)

⑦　リサイクルコーナーをもうけている。

④　新せんな品物を売るようにしている。

⑰　休けいスペースをつくって休めるようにしている。

⑤　だれがつくった品物かがわかるようにしている。

スーパーマーケット新聞

品物がほうふでほしいものがそろう！

スーパーマーケットにはたくさんのしゅるいの品物が売られています。ほかの市や県、 あ から来た品物もありました。

①

まちの人に人気のスーパーマーケット

④

い が広くなっているので、車いすの人もゆっくり買い物ができます。

買いやすく買いわすれしない売り場のくふう

売り場にはかんばんがあり、品物の名前が書かれています。もくてきの売り場がすぐに見つかります。

②

肉の売り場には、やき肉のたれをおくなど、お肉の売り場をくふうしています。

③

取ざい後のお店の人たちのくふうがあって、たくさんのお客さんが買い物に来ることがわかりました。 う

（1）　新聞のあ・いにあてはまることばを、┈┈からそれぞれえらびましょう。

あ（　　　　　　　）　い（　　　　　　　）

学校　　外国　　土地　　通路

（2）　新聞の①〜④のところにくわえる絵として、もっともあてはまるものを、次からそれぞれえらびましょう。

①（　　）②（　　）③（　　）④（　　）

（3）　新聞のうにあてはまることばを、次から1つえらび、〇を書きましょう。

⑦（　　）取り組み　　⑦（　　）感想　　⑦（　　）サービス

（4）　スーパーマーケットを調べたときにとった右の写真を使って、あなたならどのような記事を書きますか。「ねがい」ということばを使って、かんたんに書きましょう。

ひろげる　いろいろな店

きほんのワーク

1 いろいろな店

✎ （　）にあてはまることばを◻から書きましょう。

● 自転車や歩いての買い物には①（　　　　　　　）がべんり。

● 駅前などにある②（　　　　　　　）には、いろいろな店が集まっている。

● せんもんの品物のしゅるいが多い③（　　　　　　　）には、くわしい店員さんがいる。

● 朝早くから夜おそくまで開いている
④（　　　　　　　）は、品物のしゅるいが多い。

● 車で行くのにべんりな場所にある⑤（　　　　　　　）には、せんもん店などが集まっている。

● トラックで運んできて、日用品や食品をはん売する⑥（　　　　　　　）がある。

| ショッピングセンター | 大型せんもん店 | 商店がい |
| コンビニエンスストア | いどうはん売車 | 近所の店 |

✎ 店ごとのよさについて、（　）にあてはまることばを◻から書きましょう。

よみトク！しりょう

商店がい	商店がい全体で同じ⑦（　　　　　　　）をしたり、⑧（　　　　　　　）を開いたりしてもり上げている。
コンビニエンスストア	いろいろなところにあって、⑨（　　　　　　　）を引き出したり、⑩（　　　　　　　）をしたりすることもできる。
ショッピングセンター	大きな⑪（　　　　　　　）があり、品物がたくさんあるので、一度に買い物ができる。

| コピー | イベント | ちゅう車場 | サービス | お金 |

しゃかいか工場　コンビニエンスストアのコンビニエンスは、「べんり」という意味だよ。ストアは「店」という意味だから、「べんりな店」だね。

練習のワーク

教科書 84〜85ページ 　答え 13ページ

1 次の問いに答えましょう。

(1) 近所の店や商店がいにあてはまるものに〇、大型せんもん店やショッピングセンターにあてはまるものに△を書きましょう。

①

(　)

電気せい品など、大きな店にせんもんにしている品物がたくさんならべられています。

②

(　)

自動車で行くのにべんりな場所にあるので、大きなちゅう車場があります。

③

(　)

小さな店が集まっていて、協力してお客さんをよぶくふうをしています。

④

(　)

自転車に乗ったり、歩いたりしての買い物にべんりです。

⑤

(　)

広いしき地につくられ、大きなたて物にせんもんの店が集まっています。

(2) 右の写真のように、品物をのせてお客さんのところへ行き、日用品や食品を売る車を何といいますか。

(　　　　　　　　)

2 いろいろな店のせつ明として、正しいものに〇、あやまっているものに×を書きましょう。

①(　)商店がいでは、店どうしがきょうそうしてイベントを行っている。

②(　)コンビニエンスストアは、生活にひつような品物をそろえている。

③(　)近所の店は、どのお客さんにもかならずおまけをしている。

④(　)大型せんもん店は、インターネットを使ったはん売もしている。

⑤(　)ショッピングセンターは品物が多く、一度に買い物をすませられる。

⑥(　)いどうはん売車は、朝早くから1日中同じ場所ではん売している。

ポイント　店にはしゅるいがあり、それぞれによいところがある。

まとめのテスト

ひろげる　いろいろな店

とく点

/100点

おわったら
シールを
はろう

教科書　84〜85ページ　答え　13ページ

時間
20
分

1 いろいろな店　次の写真を見て、あとの問いに答えましょう。

1つ5点〔60点〕

①

いろいろなところにある。

②

家の近くにある。

③

広いちゅう車場がある。

④

せんもんにしている品物がたくさんある。

⑤

多くの店がならんでいる。

⑥

トラックで来て品物を売る。

(1)　写真にあてはまる店を、次からそれぞれえらびましょう。

　　①（　　　）　②（　　　）　③（　　　）　④（　　　）　⑤（　　　）　⑥（　　　）

　　⑦　ショッピングセンター　　⑦　大型せんもん店　　⑦　近所の店
　　⑦　商店がい　　⑦　コンビニエンスストア　　⑦　いどうはん売車

(2)　写真の店にもっともあてはまるものを、次からそれぞれえらびましょう。

　　①（　　　）　②（　　　）　③（　　　）　④（　　　）　⑤（　　　）　⑥（　　　）

　　⑦　たくさんの店が協力し合って、お客さんをよぶ取り組みをしている。
　　⑦　品物にくわしい店員さんがいて、お客さんのそうだんにものってくれる。
　　⑦　広いしき地にたくさんの店があり、1日中買い物が楽しめる。
　　⑦　早朝も開いていて、いろいろな品物が売っている。
　　⑦　店が少ない地いきの人や、出かけるのがむずかしい人も買い物しやすい。
　　⑦　顔見知りのお客さんが多く、おまけをしてくれることもある。

思考 **2** **店のくふう** 次のお客さんの話と、お客さんがりようした店を、それぞれ線でむすびましょう。

1つ5点〔20点〕

① 出かけなくても、新せんな肉や魚を買えるのでべんりです。 ・

② 銀行が休みの日も、お金を引き出せるので助かります。 ・

③ どの店でも同じポイントカードが使えるのでうれしいです。 ・

④ 小さな店にない品物も売っていることが多くてべんりです。 ・

・ ⑦ 商店がい

・ ⑦ コンビニエンスストア

・ ⑦ 大型せんもん店

・ ⑦ いどうはん売車

3 **よくりようする店** よく行く店について話しています。あとの問いに答えましょう。

1つ5点〔20点〕

家の人と車で ① に行って、本や服を見ます。買い物が終わったら、ごはんを食べて帰ります。

食品をまとめて買うときは、しゅるいがほうふな ② に行きます。できたてのおそうざいも買います。

③ はいろいろな店があるので、通りを歩いているだけでも楽しめます。わがしの店でおだんごを買いました。

お正月に家の人と出かけておそくなったので、コンビニエンスストアでごはんを買いました。

(1) □ にあてはまることばを、┈┈ からそれぞれえらびましょう。

①(　　　　　) ②(　　　　　) ③(　　　　　)

┈┈┈┈┈┈┈┈┈┈┈┈┈┈┈┈┈┈┈┈┈┈┈┈┈┈
スーパーマーケット　　ショッピングセンター　　商店がい
┈┈┈┈┈┈┈┈┈┈┈┈┈┈┈┈┈┈┈┈┈┈┈┈┈┈

述 (2) コンビニエンスストアがべんりなのは、どのようなところですか。上の話から読み取れることを一つ、かんたんに書きましょう。

(　　　　　　　　　　　　　　　　　　　　　)

61

いかす

もくひょう

学習したことをカードにまとめて人々の仕事について考えよう。

おわったらシールをはろう

きほんのワーク

教科書 86〜87ページ | 答え 14ページ

1 はたらく人とわたしたちとのつながり

✏ 次のカードを見て、（ ）にあてはまることばを □ から書きましょう。

 よみトク！しりょう

はたらく人の仕事のくふうやねがい

① [ ] の鈴木さん	② [ ] の伊藤さん	③ [ ] の田中さん
●仕事の内よう あまおうをつくり、出荷する。 ●仕事のくふう きせつに合った育て方をする。 ●ねがい おいしいあまおうをつくりたい。	●仕事の内よう 品物を売ったり、仕入れたりする。 ●仕事のくふう お客さんがほしいものを買えるようにする。 ●ねがい たくさんのお客さんに来てほしい。	●仕事の内よう 明太子をつくる。 ●仕事のくふう えいせいに気をつけて明太子をつくる。 ●ねがい たくさんの人に明太子を食べてもらいたい。

工場　　スーパーマーケット　　農家

✏ （ ）にあてはまることばを □ から書きましょう。

●地いきには、農家や工場などさまざまな④（　　　　　）があり、それぞれがちがった⑤（　　　　　）をしている。

●農家の人がつくったあまおうを売るなど、農家の仕事と⑥（　　　　　）の仕事はつながっている。

●つくる人も売る人も、よいものをたくさんの人に買ってもらい、食べてもらいたいという⑦（　　　　　）を持っている。

●地いきの人の仕事は、わたしたちの⑧（　　　　　）とつながっている。

仕事　　生活　　ねがい　　くふう　　お店

  しゃかいか工場 農家の中には、作物をつくるだけでなく、自分で加工したり、はん売したりしている人もいるよ。農家の人がけいえいする「農家レストラン」も人気だね。

練習のワーク

できた数

／12問中

教科書 86～87ページ　答え 14ページ

1 次のカードを見て、あとの問いに答えましょう。

① 農家の仕事

仕事の内よう

あまおうをつくる。

あまおうを出荷する。

仕事のくふう

あ

② 店の仕事

仕事の内よう

スーパーマーケットで
品物を売る。

仕事のくふう

い

③ 工場の仕事

仕事の内よう

明太子をつくる。

仕事のくふう

う

(1) 次の仕事のくふうは、上のあ～うのどこにあてはまりますか。それぞれえらび
ましょう。

①（　　　）ビニールハウスを使う。

②（　　　）たらこの温度が上がらないようにする。

③（　　　）品しつがよいものを売り場に出す。

④（　　　）産地を考えて品物を仕入れる。

⑤（　　　）土づくりをする。

⑥（　　　）クリーン服を着るなど、えいせいに気をつける。

(2) 上の①～③の仕事ではたらく人のねがいにあてはまるものを、次からそれぞれ
えらびましょう。　　　　　　　①（　　　）②（　　　）③（　　　）

⑦ たくさんのお客さんに来てもらい、気持ちよく買い物をしてほしい。

⑦ 名物の明太子をたくさんの人に食べてほしい。

⑦ 安心して食べられるおいしいあまおうをつくりたい。

2 地いきの人の仕事について、正しいものに○、あやまっているものに×を書きま
しょう。

①（　　　）スーパーマーケットの仕事は、工場の仕事とはつながりがない。

②（　　　）食べ物をつくる人も売る人も、たくさんの人に買って食べてほしいとい
うねがいを持ってくふうしている。

③（　　　）わたしたちの生活は農家や工場、スーパーマーケットの仕事とつながっ
ている。

ポイント

地いきの人の仕事とわたしたちの生活はつながっている。

1　火事からくらしを守る①

もくひょう・
火事の現場で、だれがどのような活動をするのか調べよう。

おわったらシールをはろう

きほんのワーク

教科書　88〜93ページ　　答え　14ページ

1　くらしの安全を考えよう

✎ （　　）にあてはまることばを□□から書きましょう。

●火事が起きたら、現場で①（　　　　　　　　　　）活動を行う人がいる。

●交通事故が起こると②（　　　　　　　　　　）や救急車が来る。

●まちの人が③（　　　　　　　　　　）訓練を行っている地いきもある。

●けいさつの人は、自転車の乗り方などを

　④（　　　　　　　　　　）で教えている。

| 防災　　　交通安全教室　　　パトロールカー　　　消火 |

防災
火事や地しん、台風などによるひがいをふせぐこと。

2　火事が起きたら／市内の消防しょ

✎ （　　）にあてはまることばを□□から書きましょう。

よみトク！　しりょう

けが人がいたら⑥（　　　　　　　　）が運ぶ。

⑤（　　　　　　　　　）は水をかけて火を消したり、人を助けたりする。

パトロールカーで⑦（　　　　　　　　）の人もかけつける。

●現場では、安全にはやく消火や救助ができるように、いろいろな人が

　⑧（　　　　　　　　）している。

●市には、いくつもの⑨（　　　　　　　　）や出張所がある。

●119番の電話が入ると、消防自動車はすぐに⑩（　　　　　　　　）する。

| 消防しょ　　　協力　　　出動　　　けいさつ　　　消防士　　　救急車 |

しゃかいか工場　ビルやマンションなどのまどについている赤い三角のマークを見たことはないかな？これは、火事のときに消防士がまどをやぶって中に入るための目じるしになっているよ。

勉強した日 ▶ 　月　日

できた数

／11問中

おわったら
シールを
はろう

練習のワーク

教科書 88〜93ページ　答え 14ページ

1 火事の現場の様子について、正しいものに○、あやまっているものに×を書きましょう。

① (　　　) 消防士は、もえているたて物の中から人を救助する。

② (　　　) けが人を運ぶために、パトロールカーがかけつける。

③ (　　　) けいさつの人も消防士といっしょに消火をする。

④ (　　　) 安全に消火をするために、いろいろな人が活動する。

2 次の問いに答えましょう。

(1) 右のグラフを見て、次の文の (　　　) にあてはまる数字やことばをそれぞれ書きましょう。

　● 2021年に、浜松市では① (　　　　　　) 件の火事が起こり、いちばん多い火事の原因は② (　　　　　　) だった。

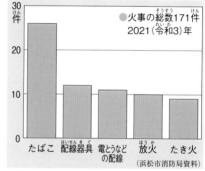

浜松市の火事の原因べつの数

●火事の総数171件
2021（令和3）年

30件

20

10

0

たばこ　配線器具　電とうなどの配線　放火　たき火

（浜松市消防局資料）

(2) 火事が起きたとき、消火のために出動する車を何といいますか。　(　　　　　　) 自動車

(3) 火事のれんらくを受けて、(2)の車が出動するまでにかかる時間を、次の図を見て書きましょう。　(　　　　　　秒)

3 次の調べることにあう調べ方を、あとからそれぞれえらびましょう。

① (　　　) まちの中にある消防のためのしせつ。

② (　　　) 消防士の仕事の内よう。

③ (　　　) 消防士以外の人が行っている火事への取り組み。

⑦ 消防しょに見学に行く。

④ 地いきの人に話を聞く。

⑦ 学校のまわりを歩いて調べる。

ポイント 火事の現場では、いろいろな人が協力している。

65

1 火事からくらしを守る②

もくひょう・
消火や救助の活動にかかわる人々のはたらきをおさえよう。

おわったらシールをはろう

教科書 94〜97ページ 答え 15ページ

---

1 消防しょへ行こう

✏ **消防しょの人について、（　）にあてはまることばを □ から書きましょう。**

●消防士は、火事の現場と同じそうびをして①（　　　　　　　　）をしている。

●ひつようなときに使えるよう、器具や消防自動車の
②（　　　　　　　　）をしている。

●消防士が着る③（　　　　　　　　）はじょうぶでやぶれにくく、消火のときには④（　　　　　　　）をせおって活動する。

●⑤（　　　　　　　）の日は、24時間はたらいている。

防火服	点検	ボンベ	当番	訓練

---

2 通信指令室とさまざまな人々のはたらき

✏ **火事のれんらくについて、（　）にあてはまることばを □ から書きましょう。**

よみトク！ しりょう

119番は⑥（　　　　　　　　）につながる。

119番
火事や救急のときにかける電話番号。

出動してください。

しょうぼうだん
消防団

交通整理をお願いします。

電気を止めてください。

けが人が運ばれます。

⑦（　　　　　　　　）

しきゅう出動してください。

水をたくさん出してください。

ガスを止めてください。

⑧（　　　　　　　　）　⑨（　　　　　　　　）　⑩（　　　　　　　　）

消防しょ	けいさつしょ	通信指令室	水道局	病院

しゃかいか工場

海で人が流されたり、船がしずんだりして助けをもとめるときは、118番に電話をかけるよ。電話は海上保安庁というところにつながって、救助の人が出動するよ。

練習のワーク

できた数

／9問中

おわったら
シールを
はろう

1 右の消防士のきんむ表を見て、正しいものを2つえらびましょう。

（　　　）（　　　）

⑦　消防士は、毎日はたらいている。

⑦　当番の日は24時間はたらく。

⑦　当番以外に非番という日がある。

⑨　2日つづけて当番の日がある。

消防士のきんむ表

きんむ時間　8：50〜次の日9：00

	1日目	2日目	3日目	4日目	5日目	6日目	7日目	8日目
木村さん	当番	非番	当番	非番	当番	非番	休み	休み

2 消防自動車について、次の文とあてはまる絵を、線でむすびましょう。

① サイレンや赤色とうなどを使って、火事を知らせます。

② 消火や救助に使う器具を、たくさんつんでいます。

③ 火事の様子によって出動するしゅるいがかわります。

3 火事が起きたときのはたらきについて、次の問いに答えましょう。

(1) 火事が起きたことをつたえる、通信指令室につながる電話は何番にかけますか。

（　　　　　番）

(2) 通信指令室からのれんらくを受けて、次の①〜③が行うことを、あとからそれぞれえらびましょう。

① けいさつしょ（　　　）　② 病院（　　　）　③ ガス会社（　　　）

⑦　火がもえうつらないようにガスを止める。

⑦　けが人を受け入れて、手当てをする。

⑦　火事の現場の近くで交通整理をする。

ポイント　119番は通信指令室につながり、関係するところにれんらくされる。

1 火事からくらしを守る③

きほんのワーク

もくひょう・
火事などの災害にそなえる地いきの取り組みをおさえよう。

おわったらシールをはろう

1 まちの中にある消防しせつをさがそう

✏ （ ）にあてはまることばを ◻ から書きましょう。

よみトク！しりょう

●まちにはたくさんの消防しせつがあり、地図を見ると、①（ ）の数がいちばん多い。
●まちの消火せんや②（ ）は消火活動に使われる。
●ちょ水そうや防災そう庫などがある公園や学校は、③（ ）になっている。

文 わたしたちの学校　●消火せん　■防火水そう
★ひなん場所　　　　　0　　100m

●学校のすべての階に、屋内消火せんや④（ ）がおいてある。
●学校で火事が起きると、ほのおやけむりが広がらないように⑤（ ）がしまる。

| 消火き | 防火水そう | 防火とびら | 消火せん | ひなん場所 |

2 地いきの消防団の取り組み／火事からくらしを守る人々のはたらき

✏ （ ）にあてはまることばを ◻ から書きましょう。

●消防団の人は、ふだんはべつの⑥（ ）をしていて、火事や台風などの災害が起きると消防しょと⑦（ ）して消火や救助を行う。
●消防団は、器具の⑧（ ）や訓練をしたり、火災予防の⑨（ ）を行ったりしている。
●消防団だけでなく、地いきの人々もふだんから⑩（ ）訓練をして火事にそなえている。

消防団
火事などの災害のときに活動する地いきの人たちでつくられた組織。

| 点検 | 消火 | 協力 | 仕事 | よびかけ |

しゃかいか工場

学校のプールは、防火水そうの役目もはたしているよ。プールを使わないきせつでも水をはっておくのは、消火用に使えるよう国のきまりで定められているからだよ。

練習のワーク

教科書 98〜103ページ　答え 15ページ

できた数

／11問中

おわったら
シールを
はろう

1 消防しせつについて、次の問いに答えましょう。

(1) 次の消防しせつの名前を、あとからそれぞれえらびましょう。

①(　　　)　　　②(　　　)　　　③(　　　)

⑦　火災けいほうき　　④　消火せん　　⑦　防火とびら

(2) 防火水そうのはたらきを、次から1つえらび、〇を書きましょう。

⑦(　　)たくさんの人がひなんできる場所をかくほする。

④(　　)火事が起きたことを、まわりの人に知らせる。

⑦(　　)消火活動をするときに使う水をためておく。

(3) まちや学校にある消防しせつについて、正しいものに〇、あやまっているもの
に×を書きましょう。

①(　　)まちの中には、消防しせつがたくさんつくられている。

②(　　)学校にある消防しせつは、国のきまりにしたがっておかれている。

③(　　)家庭には、消火き以外の消防しせつはそなえられていない。

2 次の問いに答えましょう。

(1) 火事や台風などの災害が起きたときに消防しょの人たちと協力する、地いきの
人たちの組織を何といいますか。　　　　　　　　(　　　　　　　　)

(2) 次の絵にあてはまる消防団の活動を、あとからそれぞれえらびましょう。

①(　　　)　　　②(　　　)　　　③(　　　)

⑦　消火の訓練　　④　火災予防のよびかけ　　⑦　器具の点検

 ポイント　火事にそなえて消防団や地いきの人々が活動している。

まとめのテスト

1 火事からくらしを守る

とく点

/100点

おわったら
シールを
はろう

教科書 88〜103ページ　答え 15ページ

時間 **20**分

---

1 市にある消防しょ 次のしりょうを見て、正しいものに○、あやまっているものに×を書きましょう。

1つ5点〔20点〕

浜松市の消防しょ

消防自動車が出動するまで

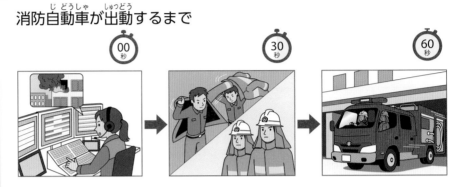

① ( ) 市には消防しょだけでなく、たくさんの出張所がある。

② ( ) 消防しょは、主に市の北がわに集まっている。

③ ( ) 消防士は、ヘルメットや防火服をずっと身につけている。

④ ( ) 火事のれんらくを受けたら、消防自動車は短い時間で出動する。

---

2 消防しょ 次のしりょうを見て、あとの問いに答えましょう。

1つ5点〔25点〕

あ 消防士のきんむ表

きんむ時間
8：50〜次の日9：00

	1日目	2日目	3日目	4日目
木村さん	当番	非番	当番	非番
	5日目	6日目	7日目	8日目
	当番	非番	休み	休み

い 防火服

首や頭が
かくれる

ねつに強くて
やぶれにくい

う 消防自動車

(1) 次のことがわかるしりょうを、あ〜うからそれぞれえらびましょう。

① 消防士は、火事の現場で安全に活動するためのそうびをしている。 ( )

② 火事の場所や大きさによって、出動するしゅるいがちがう。 ( )

③ 消防しょできんむしない非番の日もある。 ( )

(2) 次の文の( )にあてはまることばを、右の
　　　からえらびましょう。

見学　点検　訓練

●消防士は、ふだんから消火や救助の( )をしている。

(3) 消防士が当番の日に24時間はたらくわけを、かんたんに書きましょう。

( )

3 火事が起きたら **右の図を見て、次の問いに答えましょう。** 1つ5点〔30点〕

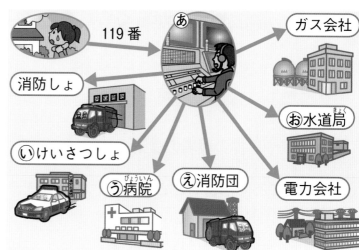

(1) 119番の電話を受けて関連するところへれんらくする、図中の**あ**を何といいますか。

（　　　　　　　）

(2) 次のことがれんらくされるところを、図中の**い**〜**お**からそれぞれえらびましょう。

① 消火に使う水をたくさん出してください。（　　　）

② 消防しょの人といっしょに消火にあたってください。（　　　）

③ 交通じゅうたいが起きないよう、車と人を整理してください。（　　　）

(3) 火事が起きたときのことについて、正しい文を2つえらびましょう。

（　　　）（　　　）

㋐ 119番の電話は、消防しょに直せつつながることがある。

㋑ 救急車は、現場の近くの病院から出動する。

㋒ 消防団はふだんはべつの仕事をしていて、火事が起きるとかけつける。

㋓ ガス会社や電力会社にも、火事のれんらくがいくことがある。

4 火事にそなえる **次の問いに答えましょう。** 1つ5点〔25点〕

(1) 次の消防せつびのはたらきを、あとからそれぞれえらびましょう。

①（　　　）　　②（　　　）　　③（　　　）　　④（　　　）

㋐ 火事が起きたことを知らせる。　　㋑ きん急時に人々がひなんする。

㋒ 火やけむりが広がるのをおさえる。　　㋓ 消火活動に使う水を出す。

(2) 次の消防団の人の話について、□□にあてはまることばを書きましょう。

（　　　　　　　　　　　）

消防団は、自分たちのまちは自分たちで□□という考えをもって、地いきの人々との消火訓練や火災予防に取り組んでいます。

3 くらしを守る

もくひょう・☆
交通事故が起きたとき
のれんらくや人々のは
たらきを調べよう。

おわったら
シールを
はろう

2 事故や事件からくらしを守る①

きほんのワーク

教科書 104～107ページ　答え 16ページ

1 事故や事件の現場の様子

✎ ( )にあてはまることばを □ から書きましょう。

●車の追とつなどの①( )が起きると、けいさつの人たちが
②( )に出動する。

●けいさつの人は③( )が起きたときにも
かけつける。

●けいさつの人は、人々の④( )を守るた
めの仕事をしている。

安全　事件　事故　現場

2 事故が起きたら

✎ 次の図を見て、( )にあてはまることばを □ から書きましょう。

よみトク！ しりょう

●交通事故を見たら110番に⑤( )する。
●電話はけいさつ本部の⑥( )につながる。
●交番の⑦( )や、車両の無線でれんらく
を受けた⑧( )が現場に向かう。
●救急車は⑨( )から出動する。

通報
消防しょ
パトロールカー
通信指令室
けいさつかん
病院

110番
事故を見たらかける番
号。場所や様子、自分
の名前や電話番号を落
ち着いてつたえる。

けいさつ本部
けいさつしょ
交番
⑥ ⑧ ⑦ ⑤ ⑨

けが人を運ぶ
⑩( )
にもれんらくがいく。

72 しゃかいかエ場 事故の場所をつたえるときは、近くにある電柱や自動はん売きを見よう。その場所の住所が書かれているよ。住所がわからないときは目じるしになるたて物をつたえてもいいよ。

練習のワーク

教科書 104〜107ページ　答え 16ページ

1 次のグラフを見て、あとの問いに答えましょう。

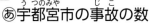

あ宇都宮市の事故の数

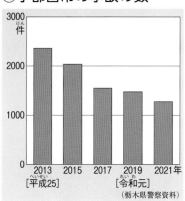

（栃木県警察資料）

い宇都宮市の事件の数

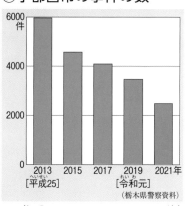

（栃木県警察資料）

う宇都宮市に住む人の数

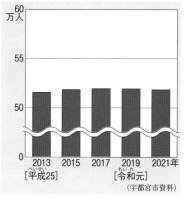

（宇都宮市資料）

(1) 2015年に宇都宮市で起きた事故の数は、やく何件ですか。（　　　　　　　件）

(2) 2013年から数がへってきているグラフを、あ〜うから2つえらびましょう。

（　　　）（　　　）

2 交通事故が起きたときのことについて、次の問いに答えましょう。

(1) 事故を通報するときにかける電話番号は何番ですか。　（　　　　　　　番）

(2) 通報するときに気をつけることとして、正しいものに○、あやまっているものに×を書きましょう。

① (　　　) 事故が起きている場所を、正かくにつたえる。

② (　　　) 落ち着いて、できるだけはやく通報する。

③ (　　　) 自分の名前は名乗らずに電話を切る。

(3) 事故の現場で行う次の仕事にあてはまるせつ明を、あとからえらびましょう。

① (　　　)　　　　　② (　　　)　　　　　③ (　　　)

⑦　べつの事故が起きないように交通整理をする。

⑦　けがをした人を救急車で病院へ運ぶ。

⑦　なぜ事故が起きたのかを調べる。

ポイント たくさんの人が協力し合って事故のしょりをする。

2 事故や事件からくらしを守る②

もくひょう・
けいさつかんはふだん
どのような仕事をして
いるのか調べよう。

おわったら
シールを
はろう

| 教科書 | 108〜109ページ | 答え | 16ページ |

1 けいさつの仕事

✏️ 次のしりょうを見て、（　　）にあてはまることばを□□から書きましょう。

よみトク！ しりょう

交番の1日の仕事

9時

①（　　　　　　　）

11時　KOBAN

②（　　　　　　　）

13時

③（　　　　　　　）

14時

地いきの店や家庭への
④（　　　　　　　）

15時

子どもたちの登下校の
⑤（　　　　　　　）

| 17時 | パトロール |

地いきで事故や
事件が起きたと
きは、すぐにか
けつけるよ。

| 道あん内　　ほうもん　　立番　　パトロール　　見守り |

✏️ （　　）にあてはまることばを□□から書きましょう。

● けいさつかんは、⑥（　　　　　　　　　）や**バイク**に乗って仕事をしている。

● ⑦（　　　　　　　　）では、地いきの人の相談にのっている。

● けいさつかんは、**交通ルール**を守らない人の⑧（　　　　　　　　　）もしている。

● 交通事故をへらすためには、道路交通法などの

⑨（　　　　　　　　）**やきまり**を守ることが大切

である。

| 取りしまり　　法　　パトロールカー　　交番 |

法やきまり
みんなが守らなくてはなら
ないルール。安心して毎日
を送るためにひつような
ものの一つ。

  しゃかいこう場 交番のけいさつかんのきんむは、当番・非番・休みまたは日勤（朝から夕方まではたらく）
を交代で行っているよ。消防士と同じように24時間、事故や事件にそなえているんだね。

練習のワーク

教科書 108〜109ページ　答え 16ページ

1 けいさつの仕事（しごと）について、次（つぎ）の問（と）いに答えましょう。

(1) 右の地図を見て、学校のまわりでいちばん数が多い けいさつのしせつを書きましょう。

(　　　　　　　)

わたしたちの学校

⊗（けいさつ本部（ほんぶ））

0　　2km

(2) 次のけいさつの仕事の様子（ようす）がわかる絵を、あとから それぞれえらびましょう。

① 道にまよった人に、目的地（もくてきち）までの行き方を教える。

(　　)

② 地いきの店をたずねて、かわったことはないかたしかめる。　　(　　)

③ 交通ルールを守（まも）っていない人の取（と）りしまりをする。　　(　　)

　㋐　　　　　　　　　　　㋑　　　　　　　　　　　㋒

(3) けいさつの仕事について、正しいものに〇、あやまっているものに✕を書きましょう。

①(　)交番のけいさつかんは、1日中立番（りつばん）をしている。

②(　)事故（じこ）や事件（じけん）が起（お）きたら、交番からもけいさつかんがかけつける。

③(　)パトロールや立番をして、地いきの様子をよく見ている。

④(　)小学生が登下校（とうげこう）をするときに、交通整理（せいり）をする。

2 交通にかかわる法（ほう）やきまりについて、正しくせつ明している文を2つえらび、〇 を書きましょう。

㋐(　)交通にかかわる法やきまりは、道路交通法（どうろ）だけである。

㋑(　)自動車（じどうしゃ）の事故が多いので、自動車に乗（の）る人のためにつくられた。

㋒(　)信号（しんごう）やひょうしきは、歩く人や自転車（じてんしゃ）に乗る人も守らなくてはいけない。

㋓(　)法やきまりを守る努力（どりょく）は、けいさつの人だけがしている。

㋔(　)法やきまりを守ることで、交通事故をへらすことができる。

ポイント けいさつかんは安全（あんぜん）な生活を守る仕事をしている。

2　事故や事件からくらしを守る③

きほんのワーク

教科書　110〜113ページ　　答え　17ページ

1　地いきでの取り組み

✎（　　）にあてはまることばを［　　］から書きましょう。

●地いきでは、道路を歩くときや自転車に乗るときのルールを①（　　　　　　　）で教えている。

●事故をふせぐため、道路ひょうしきや②（　　　　　　　　）などのせつびがある。

よみトク！しりょう　　**事故や事件をふせぐしくみ**

知らせ合う　　　　　　　　　　　　　　　　　　知らせ合う

けいさつ・
③（　　　　　　　）

会社・
④（　　　　　　　）

学校・
⑤（　　　　　　　）

⑥（　　　　　　　）

知らせ合う

こども110番の家・
登下校時の⑦（　　　　　　　）

| 町内会　　交通安全教室　　カーブミラー |
| 市役所　　店　　こども110番　　パトロール |

こども110番
子どもたちが、いざというときに助けをもとめることができる家や店。

2　安全を守る人々のはたらき

✎（　　）にあてはまることばを［　　］から書きましょう。

| けいさつかん |
●ふだんはパトロールをしたり、まちの人の⑧（　　　　　　　）を受けたりしている。

| 地いきの人 |
●こども110番の家があり、事故や事件が起きたときは、けいさつにはやく⑨（　　　　　　　）するようにしている。

●けいさつや地いきの人は⑩（　　　　　　　）してまちの安全を守っている。

| 協力　　　通報　　　相談 |

しゃかいか工場 　はんざいから身を守る「いかのおすし」をおぼえよう。ついて「いか」ない、車に「の」らない、「お」おごえを出す、「す」ぐにげる、すぐ「し」らせるだよ。

練習のワーク

教科書 110〜113ページ　答え 17ページ

1 次の写真にあうしせつの名前を、それぞれ線でむすびましょう。

① 　② 　③ 　④

・　　　　　　　・　　　　　　　・　　　　　　　・

・　　　　　　　・　　　　　　　・　　　　　　　・

⑦ガードレール　　　④道路ひょうしき　　　⑦カーブミラー　　　④歩道橋

2 次の絵にあう地いきの人の活動を、あとからそれぞれえらびましょう。

①（　　　）　　　　②（　　　）　　　　③（　　　）

⑦　登下校の時間に、子どもの見守りをしている。

④　けいさつの人と安全会議を開いている。

⑦　子どもたちが助けをもとめられる家や店をつくっている。

3 まちの安全を守るはたらきについて、けいさつかんのはたらきには○、地いきの
人のはたらきには△を書きましょう。

①（　　　）事故や事件を見たときには、すぐに通報する。

②（　　　）通信指令室から事故や事件のれんらくを受ける。

③（　　　）パトロールカーやバイクに乗って、パトロールをする。

④（　　　）こども110番の家や店で子どもを守る。

 ポイント 地いきの人が協力して安全なまちづくりを進めている。

まとめのテスト

2 事故や事件からくらしを守る

とく点

/100点

おわったら
シールを
はろう

教科書 104〜113ページ 答え 17ページ

時間
20分

1 市で起きた事故や事件 次のグラフを読み取った文として、正しいものに○、あやまっているものに×を書きましょう。

1つ5点〔15点〕

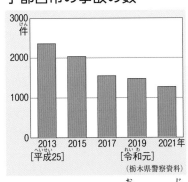
宇都宮市の事故の数
（栃木県警察資料）

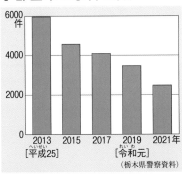
宇都宮市の事件の数
（栃木県警察資料）

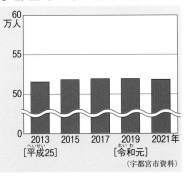
宇都宮市に住む人の数
（宇都宮市資料）

①（　　　）市で起きた事故や事件の数は、毎年2000件をこえている。

②（　　　）2021年に市で起きた事故の数は、事件の数より少ない。

③（　　　）市に住む人の数はあまりかわらないが、事故や事件の数はへっている。

2 事故が起きたら 右の図を見て、次の問いに答えましょう。

1つ5点〔30点〕

(1) 次の文の（　　　）にあてはまることばや数字をそれぞれ書きましょう。

> あが（ ① ）番に電話をすると、けいさつ本部にあるいの（ ② ）は、うの救急車を出動させるために（ ③ ）にれんらくをする。

①（　　　　　　） ②（　　　　　　） ③（　　　　　　）

(2) 事故の現場でけいさつかんが行う仕事を、次から2つえらびましょう。

（　　　）（　　　）

㋐ 救急車に乗ってけが人を手当てする。　　㋑ 交通整理をする。

㋒ けいさつしょに事故を通報する。　　㋓ 事故の原因を調べる。

(3) 交通事故が起きたとき、けいさつかんが現場で交通整理を行うのはなぜですか。かんたんに書きましょう。

（　　　　　　　　　　　　　　　　　　　　　　　　　　）

3 けいさつの仕事 次の問いに答えましょう。 1つ5点〔25点〕

(1) まちのいろいろなところにあり、右の
①・②のようにけいさつの人がはたらい
ている場所を何といいますか。

（　　　　　　）

(2) 右の①～③の絵は、けいさつの人のふ
だんの仕事の様子です。仕事の内ようを、次からそれぞれえ
らびましょう。　　　①（　　　）　②（　　　）　③（　　　）

　⑦　パトロール　　　⑦　道あん内　　　⑤　立番

(3) 次のけいさつの人の話の□□□にあてはまる内ようを、かん
たんに書きましょう。

交通事故が起きないようにするためには、信号やひょうしきの
意味を考えて、一人ひとりが□□□□ことが大切です。

（　　　　　　　　　　　　　　　　　　　　　　　　　　　　　）

---

4 地いきの取り組み 次の問いに答えましょう。 1つ5点〔30点〕

(1) 右のあのしりょうについて、写真にあうせつ
明を、次からそれぞれえらびましょう。

　　　　　　　　　　①（　　　）　②（　　　）

　⑦　見通しをよくして交通事故をふせぐ。
　⑦　正しい自転車の乗り方を教える。
　⑤　いざというときに、子どもが助けをもとめ
　　られる。

あ まちのしせつや場所

(2) ○のしりょうについて、事故や事件をふせぐ
ために地いきの人が取り組んでいることを、次
から2つえらびましょう。　（　　　）（　　　）
　⑦　まちの安全会議を開く。
　⑦　防災訓練にさんかする。
　⑤　歩道橋などのせつびを点検する。
　⑤　子どもの登下校の見守りをする。

○ 事故や事件をふせぐしくみ

(3) 次の文の（　　　）にあてはまることばを□□□からそれぞれえらびましょう。

　　　　　①（　　　　　　　）　②（　　　　　　　）

●まちに住む人やけいさつ、市役所、学校などが（ ① ）し
て活動し、まちの（ ② ）を守る取り組みをしている。

仕事　　協力
反対　　安全

いかす

きほんのワーク

教科書 114〜115ページ 答え 18ページ

もくひょう・
安全なくらしを守るために、自分にできることを考えよう。

おわったらシールをはろう

1 自分たちにもできること

✎ ( )にあてはまることばを ▢ から書きましょう。

よみトク！グラフ

● 火事の原因でいちばん多いのは

①( )で、2番目に

②( )が多い。

● りょうりをするときに使う

③( )のつけっぱなし

で起きた火事も多い。

● 電気機器など④( )な

ものも火事の原因になる。

主な火事の原因

令和3年

原因	件数
たばこ	3042
たき火	2764
こんろ	2678
放火	2333
電気機器	1816
野焼き	1640

(令和4年版 消防白書)

● 自転車に乗る人は、事故の⑤( )を受けるだけでなく、事故を

⑥( )立場になることがある。

● きけんから身を守るため、⑦( )では自分たちにできることを教え

ている。

こんろ	防犯教室	身近	ひがい
たばこ	起こす	たき火	

✎ ( )にあてはまることばを ▢ から書きましょう。

● 学習をふり返り、大切だと思う言葉をえら

んで⑧( )をつくる。

● くらしを守る取り組みを

⑨( )のこととして考え、

⑩( )につたえる。

みんな	自分たち	標語

火の用心 主役はいつも わたしたち

標語
つたえたいことを、つたわりやすいように5音や7音で短く表現した文。

言葉のじゅんを考えて、つたわりやすいくふうをしよう。

しゃかいか工場 自転車の事故では、頭を打って大きなけがにつながることが多いよ。そのため、2023年から自転車に乗る人はヘルメットを着用するように努力することが法で定められたよ。

練習のワーク

勉強した日 ▶ 月 日

できた数
／10問中

おわったら
シールを
はろう

教科書 114〜115ページ 答え 18ページ

1 次の問いに答えましょう。

(1) ⓐのグラフについて、2764件の火事が起きた原因は何ですか。

( )

ⓐ主な火事の原因

令和3年
件
4000

3042
2764 2678
2333
1816 1640

3000

2000

1000

0
たばこ / たき火 / こんろ / 放火 / 電気機器 / 野焼き

(令和4年版 消防白書)

ⓘ自転車の事故の件数

件
600

484
443
409 428
342

500

400

300

200

100

0
2017 2018 2019 2020 2021年
[平成29] [令和元]

(栃木県警察資料)

(2) ⓘのグラフを見て、次の文の( )にあてはまる数字をそれぞれ書きましょう。

●自転車の交通事故がいちばん多く起きた年は①( )年で、この年に起きた事故の件数は②( )件だった。

(3) 火事や自転車の事故について、正しいものに〇、あやまっているものに×を書きましょう。

①( )すべての火事は、たて物の中で火を使うときに起きている。

②( )身近にあるものが原因で起きる火事もある。

③( )自転車の事故は、いつも自転車に乗る人がひがいを受けている。

④( )火事や事故が起きないように、みんなが心がけることが大切である。

2 右の2つの文を読んで、次の問いに答えましょう。

(1) 右の①・②のように、つたえたいことを短い文にまとめて人々によびかけるものを何といいますか。

( )

①
火の用心
主役はいつも
わたしたち

②
守ろうよ
みんなのきまり
事故ふせぐ

(2) 地いきで行われている次の取り組みのうち、①・②の文にいちばん関係が深いものを、それぞれえらびましょう。 ①( ) ②( )

ⓐ防犯教室

防犯

ⓘ交通安全のよびかけ

ⓒ防災訓練

ポイント

地いきの活動を知り、自分にできることを考える。

4 市のうつりかわり

もくひょう

写真や地図を見て、市の様子のうつりかわりを調べよう。

おわったらシールをはろう

1　市の様子と人々のくらしのうつりかわり①

きほんのワーク

教科書 116〜121ページ　　答え 18ページ

1　かわってきた明石のまち

✐ （　　）にあてはまることばを▢▢から書きましょう。

●1945（昭和20）年、①（　　　　　　　　　）による空しゅうで、明石のまちや②（　　　　　　　　）のまわりはやけてしまったが、人々はがんばって新しいまちをつくった。

今の元号は令和だね。

●昔の道路は③（　　　　　　　　）だったが、今は④（　　　　　　　　）でできている。

●まちはだんだんにぎやかになって、デパートなど⑤（　　　　　　　　）がふえた。

時期の区分

昭和、平成、令和などの元号によるものや、江戸時代のような表し方がある。

駅　　高いたて物　　土　　せんそう　　コンクリート

2　かわってきたわたしたちの市

✐ 次のしりょうを見て、（　　）にあてはまることばを▢▢から書きましょう。

よみトク！ しりょう　　市の土地の高さと⑥（　　　　　　　）の様子

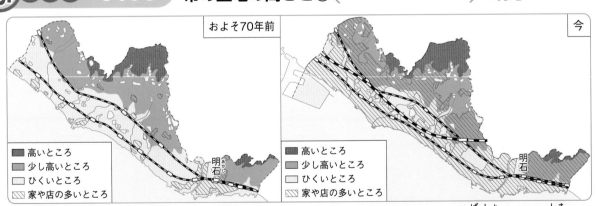

●2まいの⑦（　　　　　　　　）をくらべると、昔は海だった場所に今は島があることがわかる。

●道路や⑧（　　　　　　　　）などの交通のうつりかわりもわかる。

●今は、市全体に⑨（　　　　　　　　）の多いところが広がった。

家や店　　地図　　鉄道　　土地の使われ方

しゃかいか工場

せんそうだけでなく、火事や地しんなどの災害でもまちの様子はかわってしまうよ。まちがつくりなおされることを「ふっこう」というよ。

練習のワーク

教科書 116〜121ページ | 答え 18ページ

できた数

／11問中

おわったら
シールを
はろう

1 次の写真を見て、あとの問いに答えましょう。

 ㋐

 ㋑

 ㋒

(1) いちばん昔の写真をえらびましょう。 （　　）

(2) 次のせつ明にあてはまる写真を、それぞれえらびましょう。

① （　　）大きなデパートができて、まわりにはたくさんの家がある。

② （　　）土のような道を自転車が走っている。

③ （　　）道路のはばが広く、両がわにビルがたちならんでいる。

(3) 写真の場所が空しゅうのひがいにあった時期を、次からえらびましょう。

㋐ 大正　　㋑ 昭和　　㋒ 平成　　㋓ 令和 （　　）

2 次の昔の地図と今の地図から読み取れることとして、正しいものに○、あやまっているものに×を書きましょう。

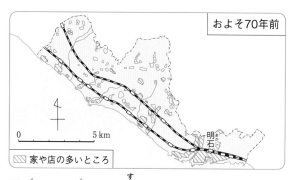
およそ70年前
0　　5km
明石
▨ 家や店の多いところ

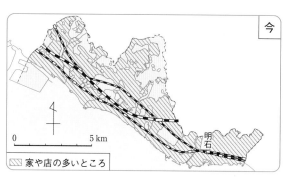
今
0　　5km
明石
▨ 家や店の多いところ

① （　　）市に住む人の数のうつりかわり。

② （　　）市の土地の使われ方のうつりかわり。

③ （　　）鉄道が通るところや駅の数のうつりかわり。

④ （　　）小学校などの公共しせつができた年。

3 昔の市の様子の調べ方として、正しいものを2つえらび、○を書きましょう。

㋐ （　　）学校のまわりをスケッチする。　　㋑ （　　）ホームページで調べる。

㋒ （　　）くわしい人や市役所の人に聞く。　　㋓ （　　）工場を見学する。

 ポイント 　市の様子のへんかは、写真や地図から知ることができる。

1　市の様子と人々のくらしのうつりかわり②

もくひょう
市の人口や交通のへんかの様子をおさえよう。

おわったら
シールを
はろう

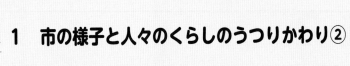

きほんのワーク

教科書 122～125ページ　　答え 18ページ

1　人口のうつりかわり

✎ 明石市について、（　　　）にあてはまることばを　　から書きましょう。

よみトク！しりょう

土地の広がりとともに人口もふえていったよ。

明石市の人口

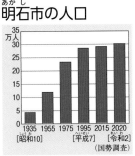

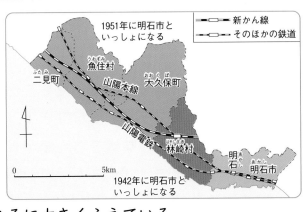

- 新かん線
- そのほかの鉄道

1951年に明石市といっしょになる

魚住村
二見町　山陽本線　大久保町
山陽電鉄　林崎村
明石　明石市

1942年に明石市といっしょになる

● 市の人口は①（　　　　　　　　　　）のころに大きくふえている。

● 1919年に明石が市になり、その後、まわりの②（　　　　　　　）といっしょになると、市の③（　　　　　　　　）は昔のおよそ6倍になった。

● 市に住む人は、平成になって、④（　　　　　　　　　）の数がふえ、

今は⑤（　　　　　　　　）から来て、市に住む人の数もふえている。

広さ　　お年より　　町や村　　外国　　昭和

2　道路や鉄道のうつりかわり

✎ 明石市の交通について、（　　　）にあてはまることばを　　から書きましょう。

70年より前	● 1888（明治21）年に、今のJRの⑥（　　　　　　　　　　）が開通して明石駅ができた。 ● 1933（昭和8）年に⑦（　　　　　　　　）2号ができた。
およそ50年前	● 第二神明道路ができた。（1970年） ● 山陽⑧（　　　　　　　）が開通した。（1972年）
今	● 車で⑨（　　　　　　　）を使って、短時間でいろいろな場所へ行ける。 ● 市えいバスがなくなり、民間バスや⑩（　　　　　　　　　）が走っている。

高速道路　　国道　　コミュニティバス　　新かん線　　鉄道

しゃかいか工場

日本の人口は、2011年からへりつづけているよ。今、日本人の4人に1人は65才以上のお年よりだよ。

練習のワーク

教科書　122〜125ページ　答え　18ページ

1 次の地図やグラフを見て、あとの問いに答えましょう。

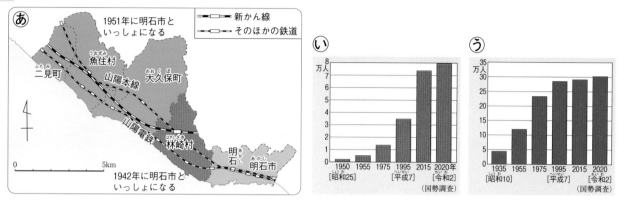

(1)　次の文の（　　）にあてはまることばを、ふえた・へったからえらびましょう。

●1951年に明石市のはんいが今とほぼ同じになって、人口は（　　　　　　　　）。

(2)　次の人の話の①〜③は、上の⑰〜⑨の地図やグラフのどれを見ればわかりますか。あてはまるものを、それぞれえらびましょう。

①（　　）
②（　　）
③（　　）

明石が市になったころとくらべて、今の①市の広さはおよそ6倍、②市の人口はおよそ10倍になりました。平成になると、③お年よりの数がふえています。

2 下の文がせつ明しているのは⑦・⑦のどちらのころの様子ですか。それぞれ書きましょう。

⑦およそ70年前

⑦およそ50年前

①（　　）国道2号や山陽本線ができ、道路や鉄道が整備された。
②（　　）高速道路ができ、山陽新かん線が開通した。
③（　　）明石駅のまわりを、たくさんの車が通るようになった。
④（　　）明石市で市えいバスの運行が始まった。

ポイント 市のはんいが広がって、人口も大きくふえた。

1　市の様子と人々のくらしのうつりかわり③

もくひょう・
市の土地の使われ方や
公共しせつのふえ方を
調べよう。

おわったら
シールを
はろう

きほんのワーク

教科書 126〜129ページ　答え 19ページ

1　土地の使われ方のうつりかわり

✎（　　　）にあてはまることばを◻️から書きましょう。

●70年ほど前は、市の土地のほとんどが①（　　　　　　　　）だった。

●昔は、ひつような水をためる②（　　　　　　　　　）がたくさんあったが、今は家や
店がたって、市全体に③（　　　　　　　　）が広がっている。

●およそ50年前に人口がふえてくると、市内にたくさんの
④（　　　　　　　　　　）がつくられ、二見には海を
⑤（　　　　　　　　）た人工島が開発された。

| 住たく | 田や畑 | うめ立て | 団地 | ため池 |

2　公共しせつのうつりかわり

✎（　　　）にあてはまることばを◻️から書きましょう。

よみトク！ 地図

明石市の主な⑥（　　　　　　　　）

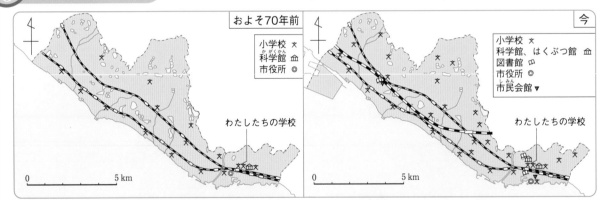

およそ70年前

小学校 ×
科学館 血
市役所 ◎

わたしたちの学校

0　　　5 km

今

小学校 ×
科学館、はくぶつ館 血
図書館 ロ
市役所 ◎
市民会館 ▼

わたしたちの学校

0　　　5 km

●市の人口がふえると、⑦（　　　　　　　　）の数もふえていった。

●市の西がわや駅前に新しい⑧（　　　　　　　　）がつくられた。

●市役所やはくぶつ館などの**公共しせつ**は、
⑨（　　　　　　　　）をもとにつくられている。

| 図書館 | 小学校 | 税金 | 公共しせつ |

税金
みんなに役立つ活動を行
うために、市区町村や国
などが集めるお金。

しゃかいか工場　千葉県の東京ディズニーランドや大阪府のユニバーサルスタジオジャパンなどのテーマ
パークも、うめ立てられた土地につくられているよ。

練習のワーク

教科書 126〜129ページ 答え 19ページ

1 市の土地の使われ方を表した次の地図を見て、あとの問いに答えましょう。

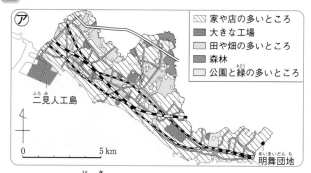

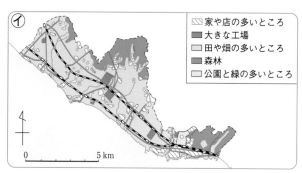

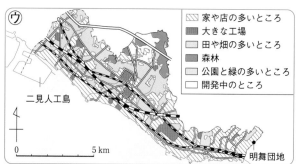

(1) 次の時期にあてはまる地図を、それ
ぞれえらびましょう。

① およそ70年前（　　　）

② およそ50年前（　　　）

③ 今（　　　）

(2) 昔の明石市にたくさんあった、田や
畑に使う水をためていたところを何といいますか。（　　　　　　　）

(3) 二見人工島がある場所は、昔はどんな場所でしたか。（　　　　　　　）

2 次の問いに答えましょう。

(1) 学校などの、みんなが使うしせつを何といいますか。（　　　　　　　）

(2) みんなが使うしせつをつくるために、市や
県などがみんなから集めるお金を何といいま
すか。（　　　　　　　）

(3) 右の地図を見て、わたしたちの学校のまわ
りにある公共しせつにあてはまるものに〇、
あやまっているものに×を書きましょう。

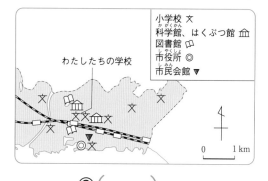

小学校 文
科学館、はくぶつ館 血
図書館 □
市役所 ◎
市民会館 ▼

わたしたちの学校

①（　　　）　　②（　　　）　　③（　　　）

ポイント 田や畑がへり、家や店に使われる土地がふえた。

87

まとめのテスト

1 市の様子と人々のくらしのうつりかわり①②③

とく点

/100点

時間 20分

1 まちの様子のうつりかわり 明石のまちのうつりかわりについて話しています。

正しいものを2つえらびましょう。 1つ5点〔10点〕 ( )( )

⑦ せんそうのとき、まちは空しゅうでやけてしまったよ。

④ 今から70年ほど前は、今より人が多くてにぎやかだったよ。

⑦ 今から50年ほど前は自動車に乗る人がまったくいなかったよ。

① 今は昔にくらべて駅前に高いたて物がふえたよ。

2 人口や交通のうつりかわり 次のしりょうを見て、あとの問いに答えましょう。

1つ5点〔35点〕

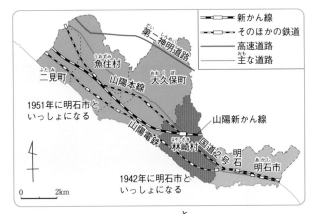
1951年に明石市といっしょになる
1942年に明石市といっしょになる

凡例：
新かん線
そのほかの鉄道
高速道路
主な道路

第二神明道路
魚住村
二見町
山陽本線
大久保町
山陽新かん線
山陽電鉄
林崎村
国道2号
明石
明石市

0 2km

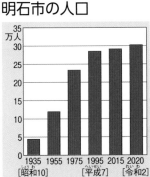
明石市の人口
35万人
1935〔昭和10〕 1955 1975 1995〔平成7〕 2015 2020〔令和2〕
（国勢調査）

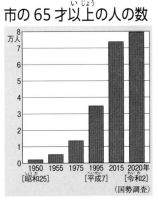
市の65才以上の人の数
8万人
1950〔昭和25〕 1955 1975 1995〔平成7〕 2015 2020年〔令和2〕
（国勢調査）

(1) しりょうから読み取れることとして、正しいものに〇、あやまっているものに×を書きましょう。

①( )今の明石市は、いくつかの市が一つになってできた。

②( )市の人口は、1995年ごろから急にふえている。

③( )平成になって、市に住むお年よりや外国の人がふえた。

④( )市のはんいが広がって、市の人口もふえた。

市に住む外国の人の数

年	外国の人の数
1951（昭和26）年	1425人
1955（昭和30）年	1471人
1975（昭和50）年	1936人
1995（平成7）年	3046人
2015（平成27）年	2902人
2020（令和2）年	3581人

（明石市資料）

思考 (2) 明石市の交通について、次の文を内ようの古いものからじゅんにならべましょう。 1( ) ➡ 2( ) ➡ 3( )

⑦ 国道2号が開通して、車が通りやすくなった。

④ 高速道路や山陽新かん線が開通した。

⑦ 市の東西をむすぶ鉄道が開通して、明石駅ができた。

3 土地の使われ方のうつりかわり 次の地図を見て、あとの問いに答えましょう。

およそ70年前

今 1つ5点〔30点〕

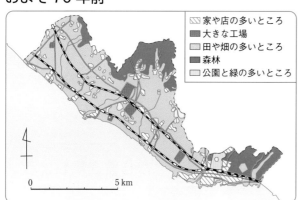

凡例
- ▨ 家や店の多いところ
- ■ 大きな工場
- ▨ 田や畑の多いところ
- ■ 森林
- ▨ 公園と緑の多いところ

二見人工島

明舞団地

(1) 地図から読み取れることとして、正しいものに○、あやまっているものに×を書きましょう。

① (　　) ため池の数は、今も昔もかわっていない。

② (　　) 二見人工島には、工場や公園がある。

③ (　　) 明舞団地は、昔は森林だったところにつくられた。

④ (　　) 鉄道にそって、たくさんの公園がつくられた。

(2) 二見人工島は、どのようにつくられた土地ですか。かんたんに書きましょう。

(　　　　　　　　　　　　　　　　　　　　　　　　　　　　　)

(3) 明石市の土地の使われ方は、どのようにかわりましたか。地図からわかることをかんたんに書きましょう。

(　　　　　　　　　　　　　　　　　　　　　　　　　　　　　)

4 公共しせつのうつりかわり 次の問いに答えましょう。 1つ5点〔25点〕

(1) 次の文にあてはまる公共しせつの名前を、右の地図を見てえらびましょう。

① 市に日本の時こくを決めるきじゅん線が通っていることからたてられた。 (　　　　　)

② 「本のまち明石」をめざして駅前に新しくできた。 (　　　　　)

③ 市内には20より多い数がたてられている。 (　　　　　)

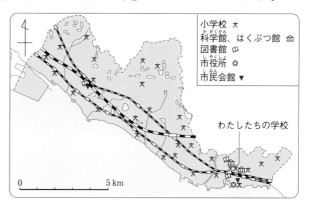

凡例
- 小学校 ×
- 科学館、はくぶつ館 血
- 図書館 ▥
- 市役所 ◎
- 市民会館 ▼

わたしたちの学校

(2) 市の公共しせつについて、次の文の(　)にあてはまることばを [　] からそれぞれえらびましょう。

●明石市では、市の①(　　　　)がふえてきたころから、集めた②(　　　　)を使ってたくさんの公共しせつがつくられた。

┌─────────────┐
│ 時間　　税金 │
│ 人口　　土地 │
└─────────────┘

1　市の様子と人々のくらしのうつりかわり④

もくひょう
くらしの中の道具がどのようにかわってきたのか調べよう。

おわったらシールをはろう

きほんのワーク

教科書 130〜133ページ　答え 20ページ

1　道具とくらしのうつりかわり

✐ 昔と今の道具について、（　）にあてはまることばを　　から書きましょう。

よみトク！ しりょう

火をつけて使う
①（　　　　　）。

長時間部屋を明るくできる
②（　　　　　）。

③（　　　　　）
は、より長く、明るくてらせる。

昔はかまを使って
④（　　　　　）
でいねかりをした。

⑤（　　　　　）
でまきをもやす。

⑥（　　　　　）
でよごれを落とす。

● 昔の人のちえや努力のおかげで、くらしは⑦（　　　　　）になった。

電とう　　LEDライト　　石油ランプ
かまど　　べんり　　手作業　　せんたく板

今はかんたんに使える道具がふえたね。

2　市のうつりかわりをまとめてみよう

✐ 年表について、（　）にあてはまることばを　　から書きましょう。

● 年代は、左から右に⑧（　　　　　）じゅんにならべる。

● 元号（昭和・⑨（　　　　　）・令和など）を使っていつごろかを書きこむ。

● こうもくごとに⑩（　　　　　）を考えて書く。

平成　　古い　　へんか

元号
年号ともよばれる。明治・大正・昭和などがあり、時期の区分を表すときにべんり。

しゃかいか工場　昔はかまどでごはんをたいていたよ。火のかげんを調せつしないといけないから、ごはんがたけるまでかまどのそばをはなれられなかったんだよ。

練習のワーク

教科書 130〜133ページ　　答え 20ページ

1 次の問いに答えましょう。

(1) 昔のいねかりの様子として、あてはまるものを次から2つえらび、○を書きましょう。

ア（　　　）かまを使って、手作業でかりとっていた。

イ（　　　）人が乗る大きなきかいでかりとっていた。

ウ（　　　）短い時間で、楽に作業ができた。

エ（　　　）すべてかりとるまで、長い時間がかかった。

(2) 次の道具は、家のあかりに使われたものです。主に使われた時期を、あとからそれぞれえらびましょう。

①（　　　）　　②（　　　）　　③（　　　）

ア　100年以上前　　イ　およそ70年前　　ウ　今

(3) 次のことのために使われた道具を、右からそれぞれえらびましょう。

①　せんたく（　　　）

②　りょうり（　　　）

2 次のしりょうを見て、あとの問いに答えましょう。

調べたこと ＼ 年代	明治 ①	②		平成 ③
	70年より前	およそ70年前	およそ50年前	今
人口				

(1) 市のうつりかわりについて調べたことを、時期の古いじゅんにならべてまとめた上のような表を何といいますか。　　　　　（　　　　　　　　　）

(2) しりょうの①〜③にあてはまる元号を、◻からそれぞれえらびましょう。

①（　　　　　）②（　　　　　）

③（　　　　　）

昭和　　大正　　令和

 **ポイント**　道具はべんりになり、くらしもべんりになった。

まとめのテスト

1　市の様子と人々のくらしのうつりかわり④

とく点
/100点

教科書　130〜133ページ　答え　20ページ

時間 20分

おわったら
シールを
はろう

1　農作業のうつりかわり　右の絵を見て、次の問いに答えましょう。　1つ5点〔20点〕

(1)　昔のいねかりの様子について、次の話の□にあてはまることばを□からえらびましょう。

①（　　　　　）
②（　　　　　）
③（　　　　　）

昔のいねかりの様子　　　今のいねかりの様子

昔のいねかりは、①を使って、②で行っていました。

今のいねかりは、ほとんどの作業を③で行っています。

きかい
手作業
たらい
かま

記述　(2)　今の農作業は、昔とくらべてどのようにかわりましたか。次の（　　）にあてはまる文を、かんたんに書きましょう。

●農作業にかかる時間が（　　　　　　　　　　　　　　　　）。

2　道具のうつりかわり　次の問いに答えましょう。　(3)は10点、1つ5点〔35点〕

(1)　部屋のあかりに使う道具について、次のせつ明文とあてはまる絵を、それぞれ線でむすびましょう。

①今から100年以上前は、石油ランプに火をつけて使っていました。

②70年ほど前には、ほとんどの家に電とうが広まりました。

③今は、より明るくてらせるLEDライトが使われています。

⑦・　　　　　　　⑦・　　　　　　　⑦・

(2) 次の道具と同じはたらきをするものを、右の⑦・⑦からえらび、記号と道具の名前をそれぞれ書きましょう。　　記号（　　）　名前（　　　　　　）

 　⑦  　⑦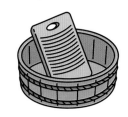

思考

(3) 道具がかわってきたのは、人々がどんなねがいをもっていたからですか。次の（　　）にあてはまる文を、「くらし」のことばを使ってかんたんに書きましょう。

●（　　　　　　　　　　　　　　　　　　　　　）というねがい。

3 　年表にまとめる　市のうつりかわりについてまとめた次の年表を見て、あとの問いに答えましょう。
1つ5点〔45点〕

	明治	大正	昭和		平成 令和
調べたこと　　年代	70年より前	およそ70年前	およそ50年前		今
（あ）		10万人をこえる。	20万人をこえる。		やく30万人になる。
（い）	鉄道や国道が開通した。		高速道路や□ができた。		電車で大阪までやく40分で行ける。
（う）		田や畑が多い。	人工の島ができて工場がつくられた。		（か）
公共しせつ	市役所ができた。	天文科学館ができた。	（き）		市のいろいろな地いきにできた。
くらしの道具	（く）	かんたんな道具が多い。	電気を使うものがふえた。		（け）

(1) 今からおよそ70年前の時期を元号で表すとき、あてはまるものを書きましょう。
（　　　　　　　　）

(2) あ〜うにあてはまるこうもくを、次からそれぞれえらびましょう。
あ（　　）　い（　　）　う（　　）

　⑦　土地の使われ方　　⑦　人口　　⑦　交通

(3) 年表中の下線部は、右の写真をもとに書いたものです。□にあてはまることばを書きましょう。
（　　　　　　　　）

思考

(4) か〜けにあてはまることがらを、次からそれぞれえらびましょう。
か（　　）　き（　　）　く（　　）　け（　　）

　⑦　手づくりのものが多い。　　⑦　べんりな道具がふえた。
　⑦　市全体に住たくが広がった。　⑦　図書館ができた。

いかす

きほんのワーク

教科書 134〜135ページ　答え 20ページ

① 市のはってんのために

✎ （　　）にあてはまることばを　　　から書きましょう。

 よみトク！ しりょう

● 明石市は、市からのお知らせや市の取り組みのしょうかいを
①（　　　　　　　　　　　　）にのせている。

● 市は『すべての人にやさしい②（　　　　　　　　　　）』や
『③（　　　　　　　　　　）を核としたまちづくり』をしていて、
ほいくりょうなどをむりょうにしている。

● さいきんは、明石に④（　　　　　　　　）という人がふえている。

市役所の人

市役所は、市のれきしや⑤（　　　　　　　　　　）、それぞれの地いきのことをみんなに知ってもらおうとしています。

● 明石市立天文科学館は⑥（　　　　　　　　）大震災でひがいを受けたが、今は⑦（　　　　　　　　）していつもにぎわっている。

● 明石城は、まちの⑧（　　　　　　　　）になっている。

● 市の取り組みを調べたら、これからどのような市になってほしいかを話し合い、ポスターをつくる。

ふっこう	こども	たからもの	住みたい
シンボル	まちづくり	阪神・淡路	広ほうし

✎ インターネットを使った市の取り組みの調べ方について、（　　）にあてはまることばを　　　から書きましょう。

● 「○○市」「△△区」などの⑨（　　　　　　　　）を入力して調べる。

● 市の⑩（　　　　　　　　）を見て、市の広ほうしやさっしのじょうほうを見たり、「教育」「ふくし」などのページを開いて調べる。

ホームページ　　キーワード

94  しゃかいか工場

兵庫県明石市には、日本の時こくのきじゅんとなる東経135度の経線（日本標準時子午線）が通っていて、市の天文科学館は「時のまち」のしょうちょうになっているよ。

もくひょう
東京都足立区がどのようにかわっていったのかを調べよう。

おわったら
シールを
はろう

教科書 136〜137ページ　答え 20ページ

ひろげる　足立区のうつりかわり

きほんのワーク

❶ 足立区のうつりかわり

✏ （　　）にあてはまることばを　　　から書きましょう。

よみトク！地図　　**区の土地の使われ方**

①（　　　　　　　　　　）が多い。

③（　　　　　　　　　　）の多い
ところが広がっている。

1932年ごろ

2019年ごろ

家が多いところ
工場
田や畑
そのほか
－・－今の都と県のさかい
－・－今の区のさかい

0　　　　4km

店が多いところ
家が多いところ
工場や倉庫など
田や畑
公園など

0　　　　4km

川ぞいに大きな
②（　　　　　　　　）がある。

やく90年前と今では、
まったく様子がちがうね。

● 足立区の土地の使われ方や人口、道路などの

④（　　　　　　　　　　）の様子は大きくかわってきている。

● 区ができたころは大きな道路がなく、いくつかの**鉄道**が通
り、荷物を⑤（　　　　　　　　）で運ぶこともあった。

● 日比谷線や千代田線などの⑥（　　　　　　　　）が開通し
て、都心へ行くのが⑦（　　　　　　　　）になった。

● 1967年に⑧（　　　　　　　　）4号線のバイパスが開通し、
1969年には環状7号線ができた。

● 今はさまざまな地方と⑨（　　　　　　　　）でつながって
いて、行き来がしやすくなった。

| 高速道路 | 国道 | 田や畑 | 船 | 家 |

| べんり | 地下鉄 | 交通 | 工場 |

地図を使ってチャレンジ！
プラスワーク

 知っているまちの場所を調べて、日本地図にかいてみよう。

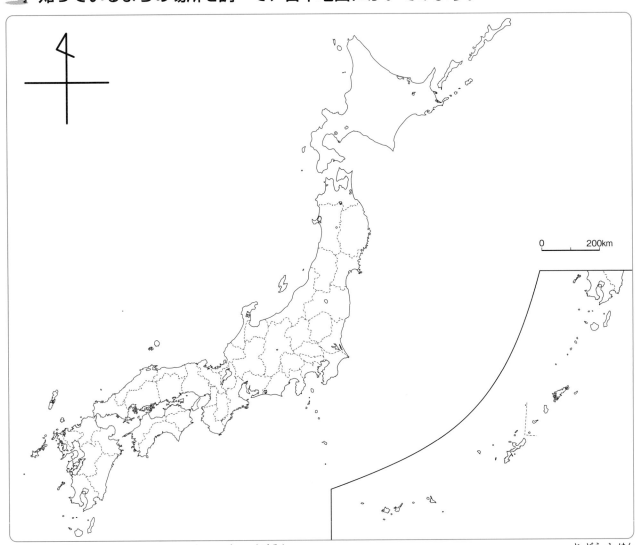

0　　　200km

① 住んでいるまちの市（区）町村名を書きましょう。また、まちがある都道府県名も書きましょう。

> わからなかったら、調べたりおうちの人に聞いたりしてみよう。

市（区）町村名（　　　　　　　　）

都道府県名（　　　　　　　　）

② 住んでいるまちが都道府県のどこにあるか地図帳などで調べて、右のれいのように、地図のなかに〇をつけましょう。

③ おうちの人の生まれたまちなど、ほかに知っているまちがあれば、同じように調べてみましょう。

新宿区

名前　　　　　勉強した日　月　日

得点　／100点　おかしのシールをはろう

時間 30分　教科書 40ページ〜65ページ　答え 21ページ

1 農家の仕事

次の図を見て答えましょう。 1つ10点[50点]

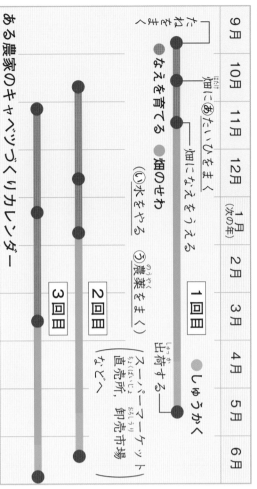

ある農家のキャベツづくりカレンダー

| 9月 | 10月 | 11月 | 12月 | 1月(次の年) | 2月 | 3月 | 4月 | 5月 | 6月 |

あ 畑にたいひをまく
畑になえをうえる
い 水をやる
う 農薬をまく

1回目　出荷する スーパーマーケット、直売所、卸売市場など へ ●しゅうかく
2回目
3回目

(1) この農家が3回に分けてキャベツをつくっている理由として、正しいものに○を書きましょう。

(ア)（　）はじめにキャベツをつくるために、一度キャベツをつくった畑で、もう

(イ)（　）しゅうかくの期間を短くして、お金がかからないようにするため。

(ウ)（　）しゅうかくの期間を長くして、長くキャベツを食べられるようにするため。

(2) 次の農家の人のせつ明にあてはまるものを、図中のあ〜うからえらびましょう。

① （　）キャベツが虫に食べられたり、病気にならないようにします。安全のために、回数は少なくします。

② （　）キャベツがおいしく育つように、えいようのある土をつくります。

(3) 右の写真は、図中の ━━ の間になえを育てているしせつです。これを何といいますか。

（　　　　　　）

(4) キャベツの出荷先のうち、八百屋さんなどが集まって、ねだんを決める場所を何といいますか。

（　　　　　　）

2 工場の仕事

次の図を見て答えましょう。 (1)は1つ5点、1つ10点[50点]

あ パンの生地をこねる　やき上がりをかくにんする

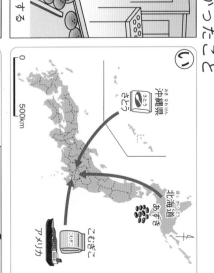

い パンの生地をこねる

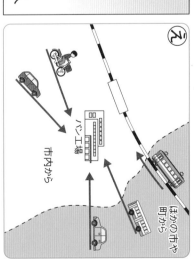

う はたらく人

(1) あ〜うについて、次の文の{ }にあてはまることに○を書きましょう。

① あ 生地をこねる作業など、力を使う作業の多くは{きかい・人の手}で行います。やき上がりのけんさなど、{コンピューター・人の目}にたよる作業も多いです。

(2) 次の文にあてはまるあんぱんの原料を、い の中からえらびましょう。

① （　）パンの生地になる原料で、アメリカから取りよせている。

② （　）あんの原料で、北海道から運ばれてくる。

(3) ③は、工場ではたらく人の服をあらうところです。パンの工場であんの中にかみの毛が入らないように、ぼうしをくぶるをしています。

(4) ④について、工場ではたらく人のうち、市内から来る人は何を使ってはたらきに来ていますか。1つ書きましょう。

（　　　　　　）

実力判定テスト

夏休みのテスト①

学校のまわり

1 次の地図を見て答えましょう。(3)は1つ5点、1つ10点[50点]

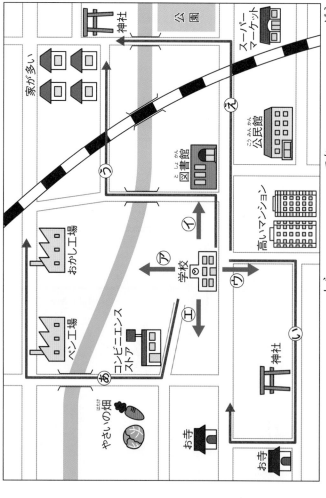

(1) 学校のまわりを調べるときに使う右下の絵の道具について、（　）にあてはまることばを書きましょう。
　▲この道具を（　　　　）といいます。
　▲色がついたはりがさす方位は（　　　　）をしめします。

(2) 右の絵は、学校の屋上から見たけしきをかいたものです。⑦～⑤のどの向きを見てかいたものですか。
　（　　　）

(3) 次の2人は、地図中の⑤～⑰のどのコースをたどってたんけんしましたか。

①線路をわたったあと、橋を通り、川の向こうがわに出ました。（　　　）

②神社やお寺など、古くからあるたて物を調べました。（　　　）

(4) みんなのためにつくられたしせつを公共しせつといいます。地図中にある公共しせつを、学校のほかに1つ答えましょう。
（　　　　　　　）

市の様子

2 次の地図を見て答えましょう。 1つ10点[50点]

(1) 市役所から見て、わたしたちの学校はどの方位にありますか。八方位で答えましょう。
（　　　　　　　）

(2) 地図中の①の地図記号は何を表していますか。また、②けいさつしょにあてはまる地図記号を地図中からさがして書きましょう。
　①（　　　）　②（□□□）

(3) 地図中の工場が集まっているところについて、正しくせつ明している文に○を書きましょう。
　⑦（　　）港があり、船で物を運ぶのにべんりな海の近くに集まっている。
　①（　　）はたらく人が通うのにべんりな駅の近くに集まっている。
　⑰（　　）物をトラックで運ぶのにべんりな高速道路の近くに集まっている。

(4) この市の土地の高いところには、休みの日に多くの人が来ます。その理由を、2つの地図を見て書きましょう。
（　　　　　　　　　　　　　）

時間 30分　●勉強した日　月　日

名前　　　　　　得点　／100点

教科書 66ページ〜87ページ　答え 22ページ

おわったら シールを はろう

店ではたらく人①

1 次の地図を見て答えましょう。 1つ10点〔50点〕

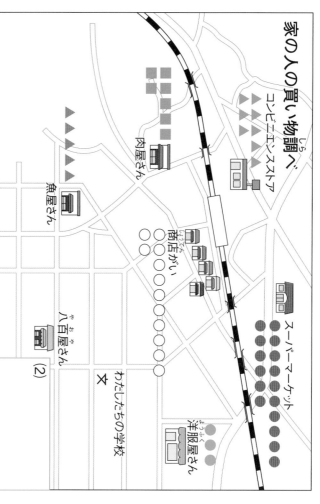

家の人の買い物調べ

コンビニエンスストア／肉屋さん／スーパーマーケット／魚屋さん／商店がい／八百屋さん／わたしたちの学校／洋服屋さん／(2)

(1) 家の人が、もっとも多く買い物をした店はどこですか。
（　　　　　　　）

(2) 家の人は、学校の近くの八百屋さんなどで4回買い物をしています。地図中の□に■を書き入れましょう。

(3) ケーキ屋さん・わがし屋さん・花屋さんなどのいろいろな店が、通りの両がわにならんでいるところを何といいますか。地図中からえらびましょう。
（　　　　　　　）

(4) コンビニエンスストアについて、あやまっている文に×を書きましょう。

ア（　）朝早くから夜おそくまで開いている店が多い。

イ（　）コピーをしたり、お金を引き出したりすることもできる。

ウ（　）スーパーマーケットよりも広く、品物のしゅるいも多い。

(5) 次の絵の人は、スーパーマーケットとコンビニエンスストアのどちらではたらいていますか。
（　　　　　　　）

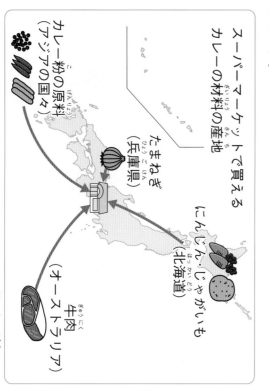

店ではたらく人②

2 次の問いに答えましょう。 1つ10点〔50点〕

(1) 次の絵は、スーパーマーケットのどのようなくふうにあたりますか。それぞれえらびましょう。

①

しょうゆ・つゆ／たれ・みりん・料酒味／9／油・ソース／中華材料／スープ／カレー材料／10

②

ア（　）車で買い物に来る人のためのくふう。

イ（　）品物を見つけやすくするためのくふう。

ウ（　）やさいを少しだけ買いたい人のためのくふう。

(2) 右の絵は、牛にゅうパンやワクや食品トレーを回しゅうするためのコーナーです。このコーナーを何といいますか。
（　　　　　　コーナー）

(3) 次の図からわかることを2つえらび、○を書きましょう。

ア（　）にんじんやじゃがいもは北海道から運ばれてくる。

イ（　）近くでとれた材料だけでカレーをつくることができる。

ウ（　）外国から運ばれてくる品物もある。

エ（　）たまねぎの産地はオーストラリアである。

スーパーマーケットで買える カレーの材料の産地

たまねぎ（兵庫県）／にんじん・じゃがいも（北海道）／カレー粉の原料（アジアの国々）／牛肉（オーストラリア）

●勉強した日　月　日

時間 30分
教科書 88ページ〜115ページ
答え 22ページ
名前
得点 ／100点

火事からくらしを守る

1 次のしりょうを見て答えましょう。 1つ10点【50点】

①
ヘルメット　マスク　防火服　防火ぐつ

②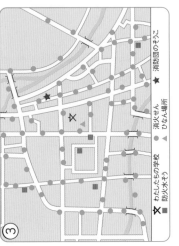

③
文 わたしたちの学校　防火水そう
★ 消防団のきょうてん
消火せん　ひなん場所

④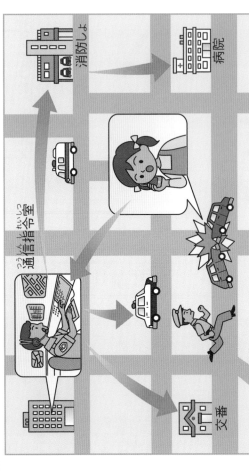

(1) ①・②のしりょうから、どのようなことがわかりますか。次からえらびましょう。
⑦ 火事の中でもやけどやけがをしないくふう。
① 火事の電話をすぐにつたえるくふう。
⑦ 消火に使う水をすぐにほすするためのくふう。
⑦ 夜の火事でもすぐに出動するためのくふう。

(2) ③の地図は、まちの消防しせつをしめしたものです。地図中の消火せんにあてはまる写真を、次からえらびましょう。

⑦  防火水そう
①
⑦ 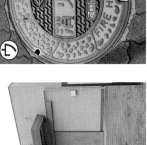 消火せん

(3) ④の絵について、{ }にあてはまることばを書きましょう。
▲消防団の人たちは、器具がちゃんと動くかどうか{点検　実けん}をしています。

(4) 消防団の活動について、( )にあてはまることばを書きましょう。
▲消防団は、消火活動だけでなく、地いきの人に（　　）のよびかけもしている。

事故や事件からくらしを守る

2 次の問いに答えましょう。 1つ10点【50点】

通信指令室
消防しょ
病院
交番

(1) 交通事故が起きたとき、通報するための電話番号は何番ですか。（　　番　）

(2) (1)の通報の電話がさいしょにつながるところはどこですか。上の図中からえらびましょう。（　　）

(3) 図中の交番の仕事にあてはまらないものに×を書きましょう。
⑦ （　） 町のパトロールを行う。
① （　） けがをした人を救急車で病院に運ぶ。
⑦ （　） まよっている人に、もくてき地までの道を教える。

(4) 右のせつについて、（　）にあてはまることばを次からえらびましょう。
▲道路ひょうしきは、交通に（　　）を表しかわる（　　）している。

時間　法やきまり　土地の様子

こども110番 けいしちょう 警視庁

(5) 右のステッカーがはられた家や店は、子どもたちが、事故と事件のどちらにまきこまれるのをふせぐためにありますか。（　　）

名前

得点　／100点

●勉強した日　月　日

時間 30分

教科書　6ページ～137ページ　　答え 23ページ

おわったら シールを はろう

3年生のまとめ①

1 次の地図を見て答えましょう。
1つ10点【50点】

消防しょ

あ 見通しのわるい支差点
い 車が多い大通り
う はばのせまい道
田が多い
住たくが多い
×
文

(1) 次の2人のことばは、上の地図ととの地図をくらべたものですか。あとからえらびましょう。

①マンションや住たくが多い場所は、50年前は林だったよ。

②市の東の田が広がっているところは、ひくい土地なんだね。

(ア) 土地の高さがわかる地図　　(イ) 県全体の地図

(ウ) 昔の地図

(2) 地図中の消防しょは、どのような地図記号で表されますか。

(3) 消防しょではたらく人のせつ明として、正しいものに○を書きましょう。

(ア)（　）ふだんはべつの仕事をしているが、火事のときに消火や救助を行う。

(イ)（　）110番の通報を受けて、関係するところに出動のれんらくをする。

(ウ)（　）交代でやすんだりしながら、点検や訓練をかかさずに行う。

(4) 上の地図の□の部分で、あぶない場所をしめしました。あ～うのうち、交通事故をふせぐためにカーブミラーがあるとよい場所を1つえらびましょう。（　）

3年生のまとめ②

2 次の絵を見て答えましょう。
1つ10点【50点】

①こまつなをつくる工場の人

②かまぼこ工場の人

③スーパーマーケットの人

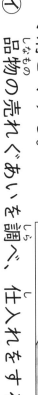

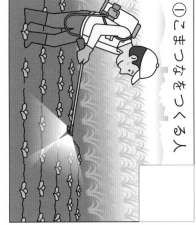

(1) 上の①・②のはたらく人のくふうを、次からえらびましょう。

①こまつなをつくる工場の人（　）

②かまぼこ工場の人（　）

(ア) ていねいに手をあらい、くつのうらまで消どくをする。

(イ) 病気や虫を調べ、使う回数を少なくする。

(ウ) 品物の売れぐあいを調べ、仕入れをする。

(2) ③の絵で、スーパーマーケットの人が、①や②でつくられた品物の新せんさをかくにんして売り場にならべているのはなぜですか。

▼品物の（　）を守るため。

(3) スーパーマーケットが、しょうひしゃのために行っているくふうとして、正しいものに○を書きましょう。

(ア)（　）店の人が買い物を手つだったり、車いすの人が出しをしている。

(イ)（　）買い物をしたときにポイントがたまるようにしている。

(ウ)（　）食品トレーや牛にゅうパックのリサイクルコーナーをつくっている。

(4) ①の農家の人が昔使っていた、「くわ」のような古い道具は、どこで見ることができますか。次からえらびましょう。（　）

神社　　公民館　　はくぶつ館

実力判定テスト　学年末のテスト①

市の様子のうつりかわり

1 次の地図を見て答えましょう。　1つ10点〔50点〕

地図1　交通のうつりかわり
70年前　／　今

地図2　土地の使われ方のうつりかわり
70年前　／　今

家や店の多いところ
田や畑の多いところ
工場の多いところ
森林

(1) 地図1からわかる70年間のへんかとして、正しいものに○を書きましょう。
㋐（　）はじめて鉄道が通り、道路もふえた。
㋑（　）鉄道に新しく駅ができた。
㋒（　）鉄道の通る場所がいどうした。

(2) 地図2で、新しくできたうめ立て地は、主に何に使われていますか。（　　　）

(3) 地図1・2を見てわかることを、次の出だしにつづけて、かんたんに書きましょう。
▲70年の間に交通がべんりになったため、森林や田畑が、（　　　　　）。

(4) 上の古い地図がかかれたのは、あとの年表中の㋐〜㋓のどの時期ですか。（　　）

(5) 年表中の□にあてはまる元号を書きましょう。（　　　）

大正 100年前	昭和 50年前	30年前	□ 令和
市に鉄道が通る	せんそうが終わる	うめ立て地ができる	駅前に大きなビルができる
㋐	㋑	㋒　新しい駅ができる　㋓	

市のできごと

人々のくらしのうつりかわり

2 次の問いに答えましょう。　1つ10点〔50点〕

あ　　い　　う

(1) 上の絵は、何をするための道具のうつりかわりですか。
（　▲　　　　）をするための道具。

(2) 上の絵の㋐にあてはまる道具の名前を、次からえらびましょう。（　　　）
いろり　ランプ　かまど

(3) 次の絵の道具の今の形を、右の㋐〜㋒からえらびましょう。（　　）

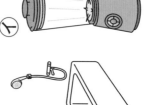 ㋐
 ㋑
 ㋒

(4) 道具がべんりになったことのせつ明として、あやまっているものに×を書きましょう。
㋐（　）昔にくらべて、家事の時間が長くなった。
㋑（　）スイッチをおすだけで使えるものがふえた。
㋒（　）人の力を使う仕事が少なくなった。

(5) せんたくの道具のうつりかわりをしめした次の絵を、古いじゅんにならべましょう。
（　　）→（　　）→（　　）
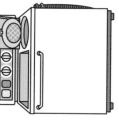 ㋐
 ㋑
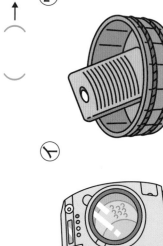 ㋒

時間 30分

名前

得点 /100点

●勉強した日 月 日

答え 24ページ

◇ 次の地図記号の意味を[____]からえらびましょう。 教科書を見て、地図記号を調べよう。

1つ5点〔100点〕

記号	文	◎	〇	✕	⊗
意味	①( )	②( )	③( )	④( )	⑤( )
もとになったもの	漢字の「文」の形	大きさがちがう二重丸	市役所よりも1つ小さい丸	2本のけいぼうが交わった形	文が交わったけいぼうを丸でかこんだもの

記号	Y	凸	⛫	⊕	⊕
意味	⑥( )	⑦( )	⑧( )	⑨( )	⑩( )
もとになったもの	昔使われていた消防の道具	開いた本の形	はくぶつ館のたて物の形	カタカナの「テ」を丸でかこんだもの	昔のぐんたいの「えい」の記号

記号	凸	<	⊕	卍	卍
意味	⑪( )	⑫( )	⑬( )	⑭( )	⑮( )
もとになったもの	たて物の中にお年より のつえをえがいたもの	橋を上から見た形	歯車と電気を送る線	とりいの形	仏教の記号の「まんじ」の形

記号	⚓	━━	11	<	⚲
意味	⑯( )	⑰( )	⑱( )	⑲( )	⑳( )
もとになったもの	船のいかりの形	線路の形	いねをかり取ったあと植物のふたばを記号にしたもの	りんごやなしの実を記号にしたもの	

かじゅ園	学校	けいさつしょ	橋	交番	市役所
神社	鉄道	町村役場・区役所	寺	図書館	消防しょ
畑	発電所	病院	港	老人ホーム	田
			ゆうびん局	はくぶつ館	

白地図で まちをつくろう！

実力判定テスト

時間 30分

答え 24ページ

名前

おわったら シールを はろう

地図記号を使って、地図をつくってみよう。

1 次の白地図を使って、自分だけのまちをつくってみましょう。

家の多いところ

店の多いところ

田や畑

緑の多いところ

- このページのうらにある地図記号もさんこうにして、さまざまな地図記号をかき入れましょう。
- 「家の多いところ」「店の多いところ」「田や畑」「緑の多いところ」の色を決めて、色をぬりましょう。
- 地図ができたら、中心の学校を出てまちをたんけんする道じゅんをかき入れましょう。たんけんコースの名前もつけましょう。

ので、⑦があてはまります。
　②商店がいや駅は、多くの人がりようします。
3　(1)②ものさしのような形をしていて、きょり
をしめす数字が入っています。
　(2)絵地図を見ると、同じ場所に唐人町商店が
いがあるので、店が多いところです。
　(4)**地図記号**は、たて物や土地の使われ方を、
しゅるいごとに、かんたんに表しています。
　(5)地図記号を使うと、だれが書いても同じよ
うな地図になるので、何を表しているかがわか
りやすいです。

なぞり道場	何回も書いてかくにんしよう！

ほう	い		こう	きょう		
方	位		公	共	し	せ	つ

ひろげる

8ページ	きほんのワーク

1　①ゆうびん局　　②寺
　　③老人ホーム　　　④けいさつしょ
　　⑤病院　　⑥畑　　⑦市役所
　　⑧発電所　　⑨鉄道　　⑩かじゅ園

9ページ	練習のワーク

1　①⊕　　②⊗
2　(1)①もとになったもの ⑦
　　　　たて物 発電所
　　　②もとになったもの ⑨　たて物 寺
　　　③もとになったもの ⑦　たて物 病院
　　(2)⑧⑨　　⑩⑦　　⑤⑦
　　(3)南

てびき **1**　①カタカナの「テ」を丸でかこんだ形で
す。昔、ゆうびんの仕事をしていた「ていしん
しょう」の頭文字からつくられました。
　②丸でかこんでいるものは**けいさつしょ**、か
こんでいないものは**交番**を表します。
2　(1)①工場を表す歯車の地図記号（ ☼ ）の一部
をのばした形になっています。
　　③赤十字の十字を使った記号で表します。
　(2)⑦は田、⑦はかじゅ園、⑨は畑の写真です。
　(3)市役所は ◎ の記号で表します。地図は上
を北にしてつくられているので、わたしたちの
学校から見て下にある市役所の方角は南です。

10・11ページ	まとめのテスト

1　①意味 畑　もとになったもの ⑦
　　②意味 鉄道　もとになったもの ⑨
　　③意味 けいさつしょ
　　　もとになったもの ⑦
　　④意味 かじゅ園
　　　もとになったもの ⑦
2　① 卍　② 文　③ ◎　④ 血
3　(1)① ⑦　②発電所　③歯車
　　(2)① ×　② ○　③ ○　④ ×
　　(3)〈例〉川にはさまれたところに田が広
がっている。

てびき **1**　①植物がめを出したときのふたばの
形です。田を表す地図記号（ ‖ ）は、いねをしゅ
うかくしたあとの形を表しています。
2　②小学校や中学校の地図記号は、漢字の「文」
がもとになっています。
　　③東京都では区役所も同じ記号で表します。
3　(1)⑦はゆうびん局、⑨は老人ホーム、⑦は病
院を表します。写真では工場のようなたて物や
海が見えるので⑦があてはまります。
　(2)①老人ホーム（ 血 ）は、交番（ Ｘ ）の北と
西にあります。④神社（ 开 ）も寺（ 卍 ）も、海
ぞいには見られません。
　(3)海につながっていることから、水色の部分
は川を表していると考えることができます。

なぞり道場	何回も書いてかくにんしよう！

ち	ず	き	ごう		し	やく	しょ
地	図	記	号		市	役	所

学校	神社	寺
文	开	卍
橋	交番	ゆうびん局
ニ	Ｘ	⊕
発電所	老人ホーム	はくぶつ館
☼	血	血

教科書ワーク

答えとてびき

「答えとてびき」は、とりはずすことができます。

東京書籍版

社会 3年

使い方

まちがえた問題は、もういちどよく読んで、なぜまちがえたのかを考えましょう。正しい答えを知るだけでなく、なぜそうなるかを考えることが大切です。

● 学校のまわり

2ページ　きほんのワーク

1 ①公園　②お寺
　③駅　④絵地図

2 ⑤白地図　⑥西　⑦東
　⑧方位じしん　⑨北

3ページ　練習のワーク

1 ①ウ　②ア　③イ

2 (1)①西　②南
　(2)北
　(3)①○　②×　③○　④×

てびき 1 商店がいは、道にそっていろいろなお店がならんでいるところです。

2 (2)地図の上が北にならないときは、地図の中に方位をしめす記号を入れます。

4ページ　きほんのワーク

1 ①土地　②交通
　③公共しせつ　④市役所

2 ⑤お寺　⑥人　⑦マンション
　⑧車　⑨きょり

5ページ　練習のワーク

1 イ・ウ

2 ①×　②○　③○

3 (1)①交番　②ゆうびん局
　(2)①イ　②ア　③ア　④イ

てびき 1 たんけんをするときは、土地の様子や交通、公共しせつのいちなどを調べます。

2 ①公共しせつは、だれでもりようできるたて物や場所のことです。

3 (1)先生の地図の下を見ると、どの記号が何を表しているかがわかるようになっています。
　(2)⑦は寺や駅があるところ、⑦は大濠公園の北がわの大きな通りを通っています。大濠公園に行くとちゅうには、病院があります。

6・7ページ　まとめのテスト

1 (1)方位じしん
　(2)①北　②東　③南　④西

2 (1)北
　(2)公共
　(3)①イ　②ウ　③ア

3 (1)①ウ　②ア
　(2)店(商店)
　(3)あ 卍　い 文　う 亠
　(4)①×　②○　③○
　(5)〈例〉わかりやすい地図になる

てびき 1 (2)方位じしんの色のついた方のはりは、北をさします。

2 (1)方位を表す記号は、北をさします。地図中の方位記号は、上をさしています。
　(2)小学校や公民館、市のしせつのふくふくプラザがあり、これらはすべて公共しせつです。
　(3)①自転車が通るための道がつくられている

1

1 市の様子

12ページ きほんのワーク

❶ ①さくいん　②7　③中央
　④早良　⑤南東　⑥北西

❷ ⑦学習問題　⑧見学　⑨しつ問
　⑩写真　⑪インターネット

13ページ 練習のワーク

❶ (1)八方位
　(2)①北西　②北東
　　③南西　④南東

❷ (1)①い　②あ
　(2)ウ
　(3)①○　②×　③×　④○

てびき ❶ (1)八方位は、東・西・南・北の4つの方位とそれぞれの間の方位を表すものです。
　(2)八方位では、北または南を先に表します。「西北」「西南」と書かないように注意しましょう。

❷ (1)①は緑が多く、海はないので油山の近くの様子、②は大きな船があるので港の様子です。
　(2)南区や城南区は海に面していません。また、能古島の北には志賀島や玄界島などがあります。中央区には福岡城のあとがのこっています。
　(3)①答えを予想することで、予想をたしかめるために調べることや調べ方を決めることができます。②インタビューは、地いきの人や見学に行ったしせつの人に行います。③インターネットで見つけた文章は、内ようが正しいか調べ、自分のことばでまとめます。④図や表を使うと、かんたんにまとめやすくなります。

14ページ きほんのワーク

❶ ①山　②高い　③志賀島
　④南　⑤北　⑥ひくい

❷ ⑦田畑　⑧森林　⑨海
　⑩工場　⑪高いたて物

15ページ 練習のワーク

❶ ①○　②×　③○　④×

❷ (1)公園
　(2)エ
　(3)①う　②あ　③い　④え

てびき ❶ ①「家や店の多いところ」は、土地が「ひくいところ」と重なっています。②市の土地は、山がある南の方が高く、北がわの海に近づくにつれてひくくなっていきます。③市の東や西も海に近く、土地はひくくなっています。④市全体を見てみると、土地は「ひくいところ」の色が大部分をしめています。

❷ (1)福岡空港と、「家や店の多いところ」との間には広い公園があります。
　(2)市の南の方には山があり、森林が広がっています。
　(3)①はたくさんの家があるので③、②は工場やそう庫が海ぞいに広がっているのであ、③はビルなどの高いたて物が見られるのでい、④は畑の様子なので②があてはまります。

16・17ページ まとめのテスト

❶ (1)①い　②う　③あ
　(2)①ウ　②エ　③ア　④イ

❷ ①ウ③　②イ①　③ウ①

❸ (1)①北東　②北西
　(2)①○　②×　③×　④○
　(3)①イ　②ウ　③ア
　(4)〈例〉（ひくい土地が広がっていて、）田や畑が多い。

てびき ❶ (1)学習問題をつくったら、答えを予想してから調べます。調べていろいろなじょうほうを集めたら、ひつようなじょうほうを整理してまとめます。学習してわかったことは、生活の中で気づいたことやふしぎに思ったことなどにむすびつけて答えを考えてみましょう。
　(2)①鉄道や船など、人や物を運ぶために使われるものを交通きかんといいます。

❷ さくいんのウやイは、地図の横の列ア～エのこと、数字の②は地図のたての列①～③のことです。油山の場合、横の列はウ、たての列は③の場所にあるので、さくいんは「ウ③」と表されます。さくいんから場所をさがすときは、それぞれの記号と番号が重なるマスの中をさがしましょう。

❸ (1)方位は、地図中にある方位記号でたしかめましょう。上が北、右は東、左は西です。博多駅は脊振山から見て北と東の間、玄界島は能古

3

島から見て北と西の間にあります。

(2)②土地がひくい市の東がわや西がわにも森林が見られます。③高いたて物が目立つところは店や会社が多く、まわりにも家や店の多いところが広がっています。

(3)⑦はぼく場、⑦は志賀島、⑨はビルや店が多い博多駅のまわりの様子です。

(4)⑥は土地の使われ方が田や畑の多いところをしめしています。また、「福岡市の土地の高さ」の地図で⑥と同じいちをかくにんすると、土地がひくいところであることもわかります。

なぞり道場 何回も書いてかくにんしよう！

八	方	位		田	畑		駅
はち	ほう	い		た	はた		えき

18ページ きほんのワーク
❶ ①高速道路　②新かん線
　③地下鉄　④空港
❷ ⑤消防しょ　⑥市役所
　⑦けいさつしょ　⑧はくぶつ館
　⑨図書館　⑩区役所

19ページ 練習のワーク
❶ ①新かん線　②高速道路
　③港　④空港
❷ (1)① ◯　② Ψ
　③ 📖　④ 血
　(2)①⑥　②⑧　③⑨

てびき ❶ ②信号がない道路を自動車が走っているので、高速道路です。③の船はかく地の港を、④の飛行機は空港をむすんで、国内の遠いところや外国に人や物を運んでいます。

❷ (1)①**市役所**の地図記号は太さのちがう◯を重ねた形です。市にいくつかある◯は区役所です。②**消防しょ**の地図記号は、昔火事を消すときに使われた「さすまた」の形がもとになっています。③**図書館**の地図記号は、本を開いた形がもとになっています。④**はくぶつ館**の地図記号は、たて物の形をイメージしたものです。

(2)①はくぶつ館では、市のれきしなどにかかわるものをてんじしています。②市民のくらしや産業にかかわる仕事をするのは市役所や区役所の役わりです。③災害にそなえることを防災

といい、防災センターでは、自然災害が起きたときに役立つじょうほうなどを発信しています。

20ページ きほんのワーク
❶ ①神社　②お祭り
　③城　④寺　⑤いわれ
❷ ⑥自然　⑦高い
　⑧交通きかん　⑨お店
　⑩公共しせつ

21ページ 練習のワーク
❶ (1)① 凸　② 卍
　(2)①×　②◯　③×　④◯
❷ (1)①エ　②ア　③ウ　④イ
　(2)⑥・⑥

てびき ❶ (1)①城あとの地図記号は、昔に城がつくられ、今でも一部がのこっているところに使われます。記号の形は、城をつくる工事をするときのなわばりがもとになっています。②承天寺のまわりにある寺は、いずれも卍の地図記号で表されています。

(2)①古いたて物の多くは大切にのこされ、今も使われています。③東区にある香椎宮も神社です。④赤れんが文化館は、外国のえいきょうを受けたたて物のつくりになっています。

❷ (1)①交通がべんりで人が集まりやすいところにお店や会社が集まるので、エがあてはまります。②畑はまちの中心地からはなれたところに多く見られます。③海ぞいは船で物を運びやすいので、工場やそう庫が多くあります。④山に近いところは土地が高くなっています。

(2)電車やバスの路線、公共しせつは、多くの人がりようしやすいところに集まっています。

22・23ページ まとめのテスト
1 (1)①ウ　②エ　③イ　④ア
　(2)博多
2 (1)市役所
　(2)①×　②◯　③×　④◯
3 (1)① 冂　② 卍
　(2)①ア　②エ　③ウ　④イ
4 (1)①西　②店　③高い
　(2)〈例〉場所によってちがう

4

1 (1)②博多駅と天神（西鉄福岡）駅は地下鉄でつながっています。③①は博多港国際ターミナルをしめしています。港からは、玄界島や外国のプサンへ行く船が出ています。

(2)博多駅やその近くには、新かん線や地下鉄、高速道路、主な道路が通っています。福岡空港や博多港へ行くための交通も整っていて、博多駅は交通の中心となっています。

2 (2)はくぶつ館は 🏛 、消防しょは Ｙ 、けいさつしょは ⊗ 、図書館は 📖 で表されています。地図を見ると、これらの公共しせつや市役所（ ◎ ）、区役所（○）の多くは鉄道や主な道路の近くにあります。

3 (1) 🏰 は城あと、⊞ は病院の地図記号です。

4 (1)交通きかんは博多や天神に集まっているので、さまざまなところから人がやって来ます。駅のまわりには、会社ではたらく人や買い物客のための大きなた物が多く見られます。

(2)福岡市は、「住たくや店が多いところ」や「田畑が多いところ」など、それぞれの場所で様子やとく色が大きくちがいます。

書くようにします。②注目してほしいことなどを図や写真で表すと、よりわかりやすくなります。③市のよいところは、できるだけ具体てきに書くことでみりょくがつたわります。④場所の様子やいちを写真や地図でしめすと、まちの様子がよくわかります。

2 (1)「買い物にべんり」としょうかいしているので、お店があてはまります。

(2)①には市役所、②にはアイランドシティの写真が入ります。天神駅の近くには市役所を表す ◎ の地図記号があるので、①の場所は㋘があてはまります。アイランドシティは新しくつくられたところなので、写真は海をうめ立てた場所をさつえいした㋓です。また、写真にあう場所は直線てきな土地である㋔です。

(3)公共しせつやマンションなど、毎日のくらしにかかわりが深いところをしょうかいしているので、生活にべんりなことをせんでんしています。

なぞり道場　何回も書いてかくにんしよう！

こう	そく	どう	ろ		みなと		しろ
高	速	道	路		港		城

いかす

24ページ　きほんのワーク

1 ①広ほうし　②つたえたい
③文章　④具体てき
⑤写真　⑥発表
⑦れきし　⑧自然
⑨かんこう

25ページ　練習のワーク

1 ①○　②×　③×　④○

2 (1)お店
(2)①写真㋐　場所㋘
②写真㋓　場所㋔
(3)③

1 ①何をつたえたいのかがわかるように、つたえたいことにあった内ようをえらんで

グラフの読み方

26ページ　きほんのワーク

1 ①生産額　②億円　③目もり
④6　⑤1　⑥事故の数
⑦事件の数　⑧年　⑨2000
⑩4500　⑪2021　⑫2013

27ページ　練習のワーク

1 (1)ぼうグラフ
(2)

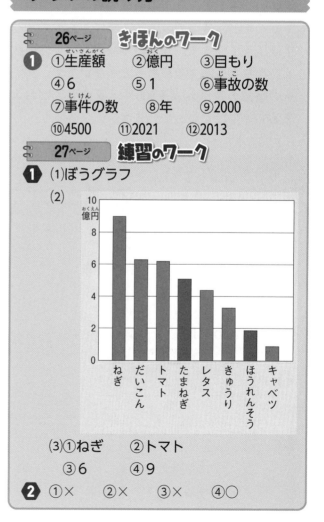

(3)①ねぎ　②トマト
③6　④9

2 ①×　②×　③×　④○

❶ (1)ぼうの長さが、グラフのタイトルでしめしたものの額を表しています。

(2)たてじくの目もりは２億円ごとに引かれています。たまねぎの生産額は５億1000万円なので、グラフは４と６のほぼ真ん中までの長さになります。ほうれんそうの生産額は１億9000万円なので、２億円より少し下の長さのグラフをかきます。

(3)①レタスの生産額が「およそ半分」なので、レタスより生産額がおよそ２倍のねぎがあてはまります。②だいこんとトマトは、グラフの長さがほぼ同じで、生産額はおよそ６億円です。③ねぎ、だいこん、トマトは、いずれもグラフが６億円の目もりをこえています。④グラフは、生産額が多いものからじゅんにならんでいます。いちばん生産額が多いものはねぎ、いちばん少ないものはキャベツです。ねぎはおよそ９億円、キャベツはおよそ１億円なので、ねぎの生産額はキャベツの生産額のおよそ９倍です。

❷ ①市の事故の数がもっとも多かった年は2019年です。②市の事件の数がもっとも少なかった年は2022年です。③市の事故の数はへりつづけていますが、事件の数は2022年にくらべて2023年はふえています。④市の事故の数と事件の数は、どちらも2019年がもっとも多いです。2023年の事故の数はおよそ400件、事件の数はおよそ2000件少なくなっています。

1 農家の仕事

■ 28ページ きほんのワーク
❶ ①作物　②西　③東
　④しゅんぎく　⑤かんきつ
❷ ⑥特産品　⑦畑
　⑧ビニールハウス　⑨農家
　⑩見学カード

■ 29ページ 練習のワーク
❶ (1)いちご
　(2)4
　(3)⑦・⑰
❷ (1)①○　②×　③×　④○
　(2)①人　②道具
　　③ビニールハウス

❶ (1)いちごの生産額はおよそ６億円で、いちばん生産額が多いです。

(2)しゅんぎくのグラフは、４億円の目もりの少し下なので、生産額はおよそ４億円です。

(3)⑦グラフの長さが生産額の多さを表しています。グラフが短いキャベツの方が生産額が少ないです。⑰すいかの生産額は、１億円より少ないです。⑰グラフの長さをくらべると、いちごの生産額はすいかより５億円以上多いことがわかります。⑪だいこんの生産額は１億円をこえていますが、ほうれんそうの生産額は１億円より少ないです。

❷ (1)①あまおうは福岡県で生まれ、今では福岡市でつくられるいちごとして全国てきに有名になっています。②農業協同組合（ＪＡ）の人は、農家の人の手だすけをする仕事をしています。あまおうなどのいちごづくりは、農家の人の仕事です。③あまおうは西区以外の地いきでもつくられています。④いちご農家の畑には、ビニールハウスも見られます。

(2)農家を見学するときは、作業の様子をかんさつします。かんさつしてわからなかったことや、なぜその作業をするのか理由を知りたいときは、農家の人にしつもんしましょう。

■ 30ページ きほんのワーク
❶ ①土　②しょうどく　③なえ
　④だんぼう　⑤しゅうかく
　⑥きせつ　⑦計画　⑧日当たり
　⑨かんさつ　⑩しつもん
　⑪ふれる　⑫きろく

■ 31ページ 練習のワーク
❶ (1)①⑰　②⑦　③⑦
　(2)⑦→⑦→⑰
　(3)①×　②○　③×　④○
❷ ①⑰　②⑪　③⑦　④⑦

❶ (1)①いちごの実をとっているので、しゅうかくの様子です。②電気で明るくてらすことを電しょうといいます。夜になったら電気をつけてビニールハウスの中を明るくし、昼間と同じかんきょうをつくります。③しりょうは、れいぞう庫の中の様子です。育てたなえは、植える前に、一度ひやします。

(2)⑦は10月、⑦は9月、⑦は11月に行われる作業です。育てたなえをれいぞう庫でひやしたあと、畑に植えます。花がさいたらみつばちを入れます。その後、冬が近づいてきたら、だんぼうをつけていちごを寒さから守ります。こうしていちごの実が大きくなるまで育て、実が大きくなったらしゅうかくをします。

(3)①なえは前の年の11月から次の年の7月にかけて育てます。②しゅうかくの時期には、同時に電しょうやだんぼうをつける作業をしたり、次の年に植えるなえを育てたりしています。③作業がおくれるとよいいちごができないので、農家の人は計画を立てて早く仕事を進めるようにしています。④おいしいいちごをつくるために、えいようのある土づくりをしたり、虫がつかないようにしょうどくをしたりしています。

❷ ①農家の人が、どのようにあまおうを育てているのかをかんさつします。②農家の人にしつもんをして、教えてもらいます。何を、どのように聞くのかを考えてからしつもんしましょう。③先に農家の人にふれてよいかを聞いて、よかったらじっさいに作物や道具などにふれてみましょう。④見たことや聞いたことをわすれないように、メモや写真にきろくしましょう。

てびき ❶ (1)①ビニールハウスの中の様子です。きかいから温風を出して、中をあたためています。②花にみつばちがとまっています。いちごの実をつくるには、花に花ふんをつけることがひつようです。みつばちは、花と花の間をとび回ってみつを集めるので、みつばちの体についた花ふんが、しぜんにほかの花につきます。生

き物の力をかりることで、人の作業の手間をへらしながら安全でおいしいいちごをつくることができます。③農家の人がいちごの葉を切っている様子です。よぶんな葉をとる「葉かぎ」をすることで、実にえいようが集まり、大きくておいしいあまおうができます。④いちごのなえをひやしている様子です。なえは、冬の寒い間に花をさかせるじゅんびをします。ビニールハウスで育てるいちごは、9月になえを植えるので、その前になえをひやすことでいちごに冬がきたと思わせ、植えたあとにちゃんと花をさかせるようにします。

(2)ビニールハウスは、いちごだけでなく、いろいろな作物を育てるのにりようされています。外のつめたい空気のえいきょうを受けにくく、日光をよく取り入れるので、冬でもあたたかいかんきょうで作物を育てることができます。

(3)①③あまおうは農家から市の**中央卸売市場**に送られ、そこでねだんをつけて売られたあと、さまざまな店に送られます。中央卸売市場に近いところでは、その日のうちにあまおうが店にならびます。農家や中央卸売市場、店の人などが協力して、短い時間でわたしたちの家に新せんなあまおうをとどけられるようにくふうしています。②④あまおうは、ほかの県や市など日本のいろいろなところに送られます。また、海外でも人気のあるあまおうは、ホンコンなどに送られることがあります。

❷ ①土地がいちごづくりにてきしていることをせんでんしています。そのため、福岡市のことをキャッチコピーにしている⊥があてはまります。②農薬をへらしてつくられた作物は、安心して食べることができます。

田	畑	かじゅ園
‖	∨	○
林(マツなど)	林(カエデなど)	あれ地
∧	Ω	‖‖

1 (1)① ×　②◯　③◯　④×
　　(2)① △　②◯
2 (1)① 9　②10　③しゅうかく
　　(2)う
3 (1)① ⑦　②⑦　③⑦
　　(2)〈例1〉長くする
　　　　〈例2〉冬にする
4 (1)⑦・④
　　(2)① 農家　②中央卸売市場
　　　　③特産品

てびき **1** (1)①かぶは、川からはなれたところでつくられています。川の近くでは，しゅんぎくやこまつななどが多くつくられています。②志賀島や能古島のほか、海に近いところにかんきつのマークがあります。③いちごのマークは、市の東がわよりも西がわの方に多く見られます。④だいこんは、市の北がわや西がわでつくられているのであやまりです。

(2)①農家の人が気をつけていることは、しつもんをして話を聞きます。②道具の形や使い方などは、じっさいに見て調べます。

2 (1)それぞれの作業がいつ行われているかは、カレンダーの上の月を見てかくにんします。

(2)電しょうをしたり、だんぼうをつけたりするのはビニールハウスの中で行うので、ビニールハウスを使うのはうの時期です。

3 (1)①いちごは気温がひくいとせいちょうしません。そのため、だんぼうであたためたビニールハウスの中で育てます。②みつばちに花ふんを運んでもらい、実がなるようにします。③冬の寒いかんきょうを、れいぞう庫でつくります。

(2)ビニールハウスを使うと、11月から5月までしゅうかくできます。いっぽう、ビニールハウスを使わないときは4月から5月までの2か月しかしゅうかくできません。いちごは冬によく売れるので、農家の人はビニールハウスを使って、できるだけ長く、冬もいちごがしゅうかくできるようにくふうしています。

4 (1)⑦しゅうかくするのによいじょうたいのあまおうを、人の目でえらんで、手作業でとっています。④お客さんが食べるときにいちばんうれているように、しゅうかくをします。⑦あま

おうは、市内やほかの県や市、外国などさまざまなところで売られます。④あまおうを使ったおかしは、福岡のおみやげとしても人気です。おかしにすることで日持ちもするので、よりたくさんの人に食べてもらうことができます。

(2)①おいしいいちごをつくっているのは、農家の人です。②あまおうは農家から中央卸売市場へ送られ、さらにスーパーマーケットなどに送られてわたしたちのところにとどきます。③その土地でつくられていることが広く知られているものを特産品といいます。あまおうは福岡の代表てきな特産品です。

◯ **なぞり道場** ◯　　何回も書いてかくにんしよう！

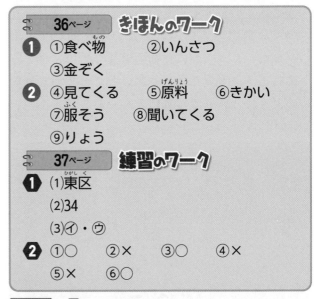

農家　作物　作業

---

1 工場の仕事

◯ 36ページ **きほんのワーク**
1 ①食べ物　②いんさつ
　　③金ぞく
2 ④見てくる　⑤原料　⑥きかい
　　⑦服そう　⑧聞いてくる
　　⑨りょう

◯ 37ページ **練習のワーク**
1 (1)東区
　　(2)34
　　(3)④・⑦
2 ①◯　②×　③◯　④×
　　⑤×　⑥◯

てびき **1** (1)工場の数は、大きな丸が10、小さな丸が1を表しています。大きな丸の数がいちばん多いのは東区です。

(2)博多区は、大きな丸が3つ、小さな丸が4つなので、工場の数は34です。

(3)⑦すべての区に丸があるのであやまりです。④工場の数が多い東区、博多区、中央区は、福岡市の東がわにあります。⑦食べ物や飲み物をつくる工場のグラフは、60と80の目もりの中間ぐらいの長さなので、工場の数はおよそ70です。④きかいをつくる工場のグラフは、金ぞくせい品をつくる工場のグラフより長いので、きかい

をつくる工場の方が多いことがわかります。

❷ ①工場の仕事を調べるときは、工場でどのようなきかいが使われ、何の作業をしているのかを調べます。②工場のまわりを見るときは、工場がどんなところにあるのか、土地や道路の様子をたしかめましょう。③作業のじゅんじょに合わせて工場を見学すると、明太子がどのようにつくられているのかがわかりやすいです。④見学に来る人ではなく、工場ではたらく人の数を調べましょう。⑤通きんしているときではなく、工場で作業をしているときの服そうを調べます。⑥せい品のもとになるものを原料といいます。明太子が何からつくられているのか、原料を知ることが大切です。

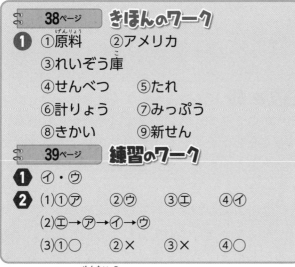

38ページ　きほんのワーク

❶ ①原料　②アメリカ
　③れいぞう庫
　④せんべつ　⑤たれ
　⑥計りょう　⑦みっぷう
　⑧きかい　⑨新せん

39ページ　練習のワーク

❶ イ・ウ
❷ (1)①ア　②ウ　③エ　④イ
　(2)エ→ア→イ→ウ
　(3)①○　②×　③×　④○

てびき ❶ 明太子の原料は、すけとうだらのたまごです。すけとうだらは外国の海でたくさんとれるので、明太子工場では外国から仕入れています。

❷ (1)①ケースにならべたたらこに、たれをかけていきます。②シールをはったフィルムでつつみ、みっぷうします。③さわってたらこのやわらかさをたしかめ、色がかわっていたり、きずがついていたら、取りのぞきます。④たくさんの明太子を、同じ重さになるように、ひとつひとつパックにつめていきます。

(2)はじめにせんべつをして、よいたらこをえらびます。次にたらこにたれをかけてじゅくせいさせて明太子をつくります。できあがった明太子は、決まった重さになるようにパックにつめ、さいごにようきをみっぷうしてせい品になります。

(3)①ア・イ・エの仕事は、それぞれべつの人がたん当しています。仕事を分たんすることで、早く、たくさんのせい品をつくることができます。②きかいを使うと、きかいが自動で作業をしてくれるので、少ない人数で仕事ができます。③たれをかけるときは、たらこの大きさややわらかさに合わせてたれのりょうをかえています。④せんべつやたれをかける仕事は、人の手で行っています。

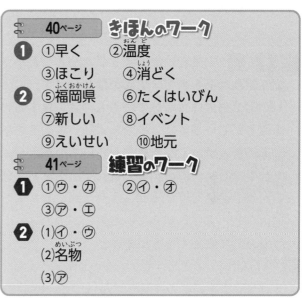

40ページ　きほんのワーク

❶ ①早く　②温度
　③ほこり　④消どく
❷ ⑤福岡県　⑥たくはいびん
　⑦新しい　⑧イベント
　⑨えいせい　⑩地元

41ページ　練習のワーク

❶ (1)ウ・カ　(2)イ・オ
　(3)ア・エ
❷ (1)イ・ウ
　(2)名物
　(3)ア

てびき ❶ ①重さをはかったり、きけんなものが入っていないか調べたりするときは、きかいを使うと早く、正かくに作業ができます。②作業をするときにタイマーを使うのは、作業がおくれると明太子の温度が上がってしまうからです。③かみの毛やほこりなどがせい品に入らないように、工場ではたらく人はえいせいに気をつけています。

❷ (1)ア明太子を売る店は、東京都や大阪府にもあります。イ店がある場所をしめすマークは、福岡市に集まっています。ウ福岡県にある店のほとんどが、高速道路の近くにあります。エ福岡県にある店の数は、32店です。

(2)福岡市で、多くの店でいろいろな味の明太子がたくさんつくられるようになると、福岡市の明太子が名物として広く親しまれるようになりました。

(3)昔から受けつがれてきたものを、でんとうといいます。70年以上前に生まれた明太子づくりのぎじゅつは、今もくふうを重ねながら受けつがれています。

42・43ページ まとめのテスト

1 (1)①東区　②49

(2)①△　②○　③△

2 (1)①エ　②イ　③ウ　④ア

(2)①原料　②人

3 (1)ア・ウ

(2)①エ　②ウ

(3)〈例〉せいけつさが大切だから。

4 (1)ア

(2)福岡

(3)〈例〉福岡のおみやげ（名物）

てびき **1** (1)東区には、大きな丸が4つと小さな丸が9つあるので、工場の数は49です。

(2)①工場ではたらいている人の数を数えるのはむずかしいので、工場の人に聞いて調べます。②工場の人がどんな作業をしているのか、何人で仕事をしているのかなどは見て調べます。③明太子をおいしくするくふうや、おいしくなる理由など、見てわからないことは工場の人にしつもんして教えてもらいます。

2 (1)①よいものとそうでないものをチェックして分けています。この作業を**せんべつ**といいます。②パックをきかいにのせて重さをはかっているので、**計りょう**の様子です。③フィルムなどできちんとつつむことを**みっぷう**といいます。④たらこにたれをかけて、つけこんでいる様子です。

(2)①すけとうだらのたまごに手をくわえて、明太子ができます。②せんべつは、人の目や手で行っています。

3 (1)きかいは、早く、正かくに、自動で作業をします。そのため、少ない人手で、1日にたくさんの明太子をつくることができます。

(2)②エアシャワー室の様子です。かべから出る風で、服についているほこりを落とします。

(3)安心して食べられる明太子をつくるために、工場の人はえいせいに気をつけています。

4 (1)工場ではたらく人は、福岡市内のいろいろなところから通ってきています。

(2)明太子を売る店は、ほとんどが福岡県内にあります。

(3)明太子は、主に福岡県内の店で売られているので、福岡県をおとずれた人はおみやげとして明太子を買っていきます。車で来た人も買い

なぞり道場　何回も書いてかくにんしよう！

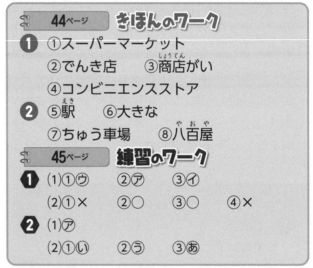

こう じょう	げん りょう	ちゅう もん
工場	原料	注文

2 店ではたらく人

44ページ きほんのワーク

1 ①スーパーマーケット

②でんき店　③商店がい

④コンビニエンスストア

2 ⑤駅　⑥大きな

⑦ちゅう車場　⑧八百屋

45ページ 練習のワーク

1 (1)①ウ　②ア　③イ

(2)①×　②○　③○　④×

2 (1)ア

(2)①い　②う　③あ

てびき **1** (1)しつもんをするときは、自こしょうかいをしてから始めます。その後になぜしつもんをしたいのかをせつ明しましょう。すべてしつもんしたら、さいごにお礼を言って終わりましょう。

(2)①みんながよく行く店を調べるので、自分が知らない店についてもしつもんします。②あらかじめまとめ方を考えておくと、後でしつもんの答えをまとめやすくなります。③同じようなしつもんをくり返さないよう、内ようは整理しておきます。④調べることを先に決めて、その答えがわかるようにしつもんをつくります。

2 (1)しるしの数がいちばん多い店をえらびます。**スーパーマーケット**は、大きな店も近くの店も1つのしゅるいとして数えます。

(2)①お肉屋さんは地いきの**商店がい**にあるので、すぐに買い物に行くことができます。②**通信はん売**は、インターネットや電話などで注文して、たくはいびんでとどけてもらう方法です。出かけるのがむずかしかったり、重いものを買うときにべんりです。③大きな**スーパーマーケット**は、品物のしゅるいが多くてまとめて買い物をしたいときにべんりです。大きなちゅう車場があるので、たくさん買っても車で運ぶことができます。

46ページ きほんのワーク

❶ ①品物　②お客さん　③見学
　④インタビュー　　⑤店長さん

❷ ⑥かんばん　　⑦広く
　⑧大きさ　　⑨おそうざい
　⑩売り場

47ページ 練習のワーク

❶ (1)⑦・⑨
　(2)店長さん

❷ (1)①○　　②×　　③○
　(2)①⑨　　②⑦　　③①　　④①

てびき **❶** (1)スーパーマーケットがたくさんの
お客さんを集めるくふうを調べたいので、おい
てある品物や店ではたらいている人の仕事の様
子を調べます。ちゅう車場を調べるときは、何
台くらいの車がとめられるのか、広さをたしか
めましょう。
　(2)売り場づくりはお店の人がしているので、
売り場のくふうは店長さんにしつもんします。

❷ (1)②おいてある品物は売っているものなので、
手をふれてはいけません。
　(2)①売り場にならべるための品物を出してき
た様子です。②レジのきかいでねだんを読み
取っています。③売り場に出すおそうざいを調
理しています。食品をあつかうので、売り場と
調理をする場所はべつになっています。④サー
ビスカウンターでは、お客さんのこまっている
ことや、買い物以外のサービスなどを受けつけ
ています。

48ページ きほんのワーク

❶ ①産地　　②ねふだ
　③だんボール　　④名前
　⑤北海道　　⑥長野県
　⑦大分県　　⑧国内
　⑨外国　　⑩トラック

49ページ 練習のワーク

❶ (1)①福島県　　②長野県
　(2)①×　　②○　　③×　　④○

❷ (1)①アメリカ　　②中国
　(2)①①　　②⑦
　(3)国旗

てびき **❶** (1)品物の産地は、パッケージや品物
にはられたシール、ねふだ、だんボールなどに
書かれています。表じされている県名や国名が、
その品物の産地です。
　(2)①品物は、かならずどこでつくられたもの
かがわかるようになっています。産地がわかる
ことで、お客さんも安心して買うことができま
す。②シールには品物の名前や産地、ねだんの
ほか、入っているりょうやつくられた日にちな
ども書かれています。③だんボールにも産地が
一目でわかるように書かれています。④4まい
の絵を見ると、いろいろなところから品物が送
られてきていることがわかります。

❷ (1)地図には、品物の絵のすぐ近くに産地の国
名が書かれています。
　(2)それぞれの国の近くにかかれている絵にあ
う品物をえらびましょう。品物は遠い外国から
も運ばれていることがわかります。
　(3)国旗はその国を表す旗で、どの国の国旗も
大切にしなければいけません。日本の国旗は
「日しょう旗(日の丸)」といいます。

50・51ページ まとめのテスト

❶ ①①　　②⑨
　③⑦　　④①

❷ ①①　　②⑦　　③⑨
　④①　　⑤⑨

❸ (1)①⑨　　②①　　③⑦
　(2)しゅるい
　(3)〈例〉お客さんが品物を見つけやすい。

❹ (1)にんじん、たまねぎ
　(2)①×　　②×　　③○　　④○

てびき **❶** ①商店がいでは、肉ややさいなどせ
んもんの品物をあつかう小さなお店が通りに
そってならんでいます。②コンビニエンススト
アは、多くの店が24時間開いています。③一度
にたくさん買うお客さんのために、スーパー
マーケットは広いちゅう車場をそなえています。
④通信はん売をする店は、たくはいびんを使っ
てお客さんのところへ品物を送ります。

❷ 魚や肉を切ったり、調理をしたりする人は、
品物がおいてある売り場の外で仕事をしていま
す。コンピューターを使った仕事をする人も、

11

売り場とはべつの場所ではたらいています。

3 (1)②キャベツ売り場に、半分や４分の１の大きさに切ったものもならんでいます。

(2)通路の両がわのたなや、かんばんには品物の名前が書かれているので、しゅるいごとに品物がおいてあることがわかります。

(3)かんばんを見ると、お客さんは、ほしいものがおいてある売り場にすぐに行くことができます。

4 (2)①ももは福島県、魚は大分県から運ばれています。②店には遠くはなれた北海道などからも品物が送られてきています。④店は、国内や外国のかく地からいろいろな品物を仕入れて、品ぞろえをよくしています。

なぞり道場 何回も書いてかくにんしよう！

しな	もの		さん	ち		こっ	き
品	物		産	地		国	旗

52ページ　きほんのワーク

❶ ①しゅるい　②品しつ
③声　④買い物
⑤りょう　⑥コンピューター
⑦ならべ方　⑧たくさん
⑨ちがう　⑩くふう

53ページ　練習のワーク

❶ ①○　②×　③×　④○
❷ (1)①エ　②ウ
③イ　④ア
(2)①イ　②エ
③ウ　④ア

てびき **❶** ①品しつのよい品物を売ることは、お客さんに信用してもらうために大切なことなので、店の人はいつでも品しつに気をつけています。②しゅるいがたくさんあると、お客さんは買いたいものを買うことができます。③店の人は売り場をよく見て、品切れにならないようにしています。④お客さんの声にこたえて、店ではいろいろなくふうをしています。

❷ (1)①調理ずみのおそうざいがあれば、帰ってすぐに食べることができます。④お客さんは家族の人数にあった大きさのものをえらべるので、品物をむだにしなくてすみます。

(2)①ざい庫を調べたり、注文したりするなど、

品物のかんりはコンピューターで行っています。
③売り場の品物は、お客さんから見やすいようにきれいにならべます。

54ページ　きほんのワーク

❶ ①ちゅう車場　②消ひ期げん
③つくった人　④ポイント
⑤リサイクルコーナー
⑥車いす　⑦地いきこうけん
❷ ⑧事実　⑨感想
⑩絵

55ページ　練習のワーク

❶ (1)①ウ　②ア　③イ
(2)①ア　②ウ
❷ (1)①×　②○　③○
(2)①イ　②ウ

てびき **❶** (1)②スマートフォンのアプリでは、とく売の品物やチラシの内ようを見ることができます。③だれがつくった品物かわかることは、お客さんの安心につながります。

(2)①店では食品トレーや牛にゅうパックなどを回しゅうして、リサイクルを進めています。②しょうがいのある人やお年よりなど、一人での買い物がむずかしいお客さんを助けます。

❷ (1)①新聞には事実だけを書くので、調べる前に考えた予想を書くのはあやまりです。②事実と感想をまぜて書くと、事実としてつたえたいことがわかりづらくなってしまいます。

(2)①事実は調べてわかったことなので、イがあてはまります。②感想は、事実について自分が考えたことなので、ウがあてはまります。

56・57ページ　まとめのテスト

1 (1)①ウ　②イ　③エ　④ア
(2)①×　②○　③×　④○
2 ①イ・エ　②ア・ウ
3 (1)あ外国　い通路
(2)①イ　②ウ　③ウ　④エ
(3)①イ
(4)〈例〉スーパーマーケットでは、お客さんの声を聞いて、ねがいをかなえるようにしています。

てびき **1** (1)①店の人は、おくから出してきた品物を、きれいに見やすく売り場にならべます。②やさいを切っていろいろな大きさにすることで、お客さんがりょうをえらべるようにしています。③おそうざいは、おいしいうちに食べられるように時間を考えてつくります。④じむしょでは、何がどれだけ売れたのかをコンピューターでかくにんしています。

(2)①④店ではたくさんの仕事があるので、はたらく人はそれぞれ役わりや場所を分たんしています。②品しつのよい品物をおいたり、しゅるいをほうふにそろえたりすることで、お客さんに来てもらおうとしています。③やさいを切り分けたり、何度もおそうざいをつくったりするのは手間がかかりますが、店ではたくさんのお客さんに買ってもらうことを大切にしています。

2 ①④新せんな品物や消ひ期げんがわかる品物は、けんこうを守るためにも安心して買うことができます。①つくった人の顔や名前が表じされた品物は自信をもってつくられたことがわかるので、お客さんも安心して買えます。②②と①はお店の売り上げに直せつかんけいはありませんが、地いきの人のためになる取り組みです。②使い終わった食品トレーやペットボトルなどを店で集めてリサイクルに協力しています。①だれでもりようできる休けいスペースは、お客さんによろこばれます。

3 (1)③品物の産地についての記事なので、外国があてはまります。①通路が広いと、車いすの人やカートを使う人も通りやすいです。

(2)①産地は①のパッケージのシールに書かれています。③かんれんする商品がまとめてまとめておいてある③が正しいです。

(3)新聞のさいごには、まとめとして感想を書きます。

(4)写真は、お客さんが店にしてほしいことなどを書く紙がおいてある場所です。店では、お客さんのねがいをかなえるために、お客さんからようぼうを聞いています。

なぞり道場 何回も書いてかくにんしよう！				
ひん		か	もの	
品	し つ	買	い	物

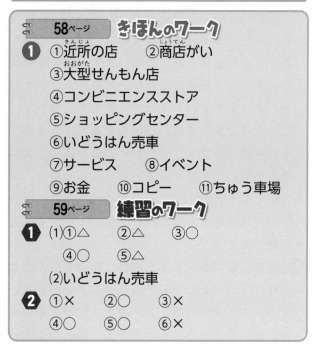

58ページ **きほんのワーク**

1 ①近所の店　　②商店がい
③大型せんもん店
④コンビニエンスストア
⑤ショッピングセンター
⑥いどうはん売車
⑦サービス　　⑧イベント
⑨お金　　⑩コピー　　⑪ちゅう車場

59ページ **練習のワーク**

1 (1)①△　　②△　　③○
　　④○　　⑤△

(2)いどうはん売車

2 ①×　　②○　　③×
　　④○　　⑤○　　⑥×

てびき **1** (1)①**大型せんもん店**は、さまざまなお客さんのきぼうに合うよう、小さな店では売っていない品物もそろえています。②**ショッピングセンター**には、たくさんのお客さんが1日中ゆっくりできるように大きなちゅう車場があります。③**商店がい**の店は、お客さんがそれぞれの店で買い物をしてくれるように協力しています。④**近所の店**や商店がいは、大型の店よりも身近な店です。⑤ショッピングセンターには、服を売る店や飲食店などがあります。

2 ②コンビニエンスストアでは食品から日用品まではば広く品物をそろえています。⑥いどうはん売車は、週の決まった日や時間に来ます。

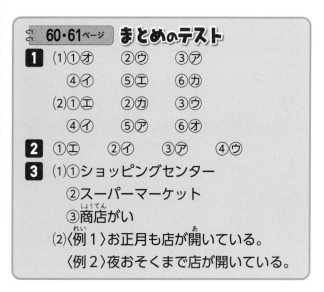

60・61ページ **まとめのテスト**

1 (1)①① ②② ③②
　　④① ⑤① ⑥①
(2)①① ②② ③②
　　④① ⑤② ⑥②

2 ①① ②① ③② ④②

3 (1)①ショッピングセンター
　　②スーパーマーケット
　　③商店がい

(2)〈例1〉お正月も店が開いている。
　　〈例2〉夜おそくまで店が開いている。

てびき 1 (1)店の大きさやかんばん、まわりの様子に注目して答えましょう。

(2)⑦商店がいに来るお客さんはいろいろな店で買い物をするので、商店がいの店は、協力してイベントを行ったりしています。⑦大型せんもん店では、品物にくわしい店員さんが何を買うとよいかアドバイスしてくれます。⑦ショッピングセンターでは買い物も食事もできるので、1日中楽しめます。⑦コンビニエンスストアは早朝も開いています。⑦いどうはん売車は、家の近くまで品物を運んで来てくれます。⑦近所の店ではお客さんにサービスをしてくれることもあります。

2 ②コンビニエンスストアは、お金を引き出したり、コピーをしたりするためのきかいをおいています。③同じポイントカードを使えるのは商店がい全体をもり上げるくふうの一つです。

3 (1)①車で行くことができて、いろいろな品物を買ったりごはんを食べたりできるのでショッピングセンターがあてはまります。②主に食品を売っていて、まとめて買うことができるのはスーパーマーケットです。③通りにいろいろな店がならんでいるのは商店がいです。

(2)コンビニエンスストアは、1年中、24時間開いている店が多く、ほかの店が閉まっているときでもひつような買い物をすることができます。

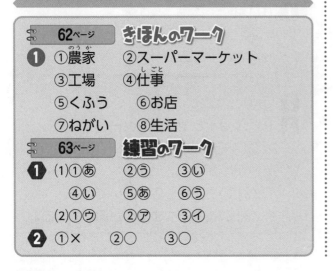

なぞり道場 何回も書いてかくにんしよう！

きん	じょ			しょう	てん	
近	所			商	店	がい

いかす

62ページ きほんのワーク
1 ①農家 ②スーパーマーケット
③工場 ④仕事
⑤くふう ⑥お店
⑦ねがい ⑧生活

63ページ 練習のワーク
1 (1)①あ ②う ③い
④い ⑤あ ⑥う
(2)①ウ ②ア ③イ
2 ①× ②○ ③○

てびき 1 (1)①⑤農家は、よい作物をつくるために土づくりをしたり、寒いきせつにビニールハウスを使って育てたりしています。②⑥明太子の原料はたらこです。明太子をつくる工場では、食べ物をあつかうのでえいせいに気をつけています。③④いろいろな産地から品物を仕入れて、よい品物を売るのは店の仕事です。

2 ①スーパーマーケットが仕入れる品物には、食べ物や飲み物をつくる工場でつくられたものもふくまれています。②農家や工場、店の人たちは、たくさんの人に買って食べてもらえるように、おいしいものをつくったり、売ったりするくふうをしています。③わたしたちの生活は、さまざまな品物を通して地いきの仕事とつながっています。

1 火事からくらしを守る

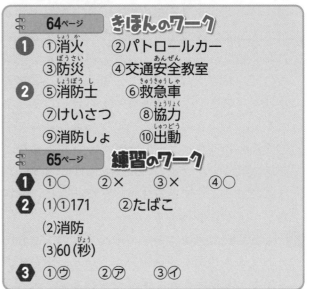

64ページ きほんのワーク
1 ①消火 ②パトロールカー
③防災 ④交通安全教室
2 ⑤消防士 ⑥救急車
⑦けいさつ ⑧協力
⑨消防しょ ⑩出動

65ページ 練習のワーク
1 ①○ ②× ③× ④○
2 (1)①171 ②たばこ
(2)消防
(3)60(秒)
3 ①ウ ②ア ③イ

てびき 1 ①消防士は、火事の現場で消火や救助の活動をします。②けがをした人を運ぶのは、パトロールカーではなく救急車です。③けいさつの人は、火事の現場に人や車が近づかないように交通整理をします。④けいさつ、水道局、ガス会社、電力会社など、いろいろなところが消防しょの人の活動に協力しています。

2 (1)2021年に起きた火事の件数は「火事の総数」を見るとわかります。ぼうグラフは、火事の件数が多いものからならんでいます。浜松市の火事の原因は、たばこ、配線器具のじゅんに多いです。

(2)ホースやはしごなどをそなえて、火事の現

場で活動する車を消防自動車といいます。

　(3)火事のれんらくを受けてから消防士が服そうを整えるまで30秒、消防自動車が出動するまで60秒しかかかりません。

❸ ①学校のまわりを歩いて、まちの中にある消防しせつを見つけます。②消防しょに行って、実さいに仕事の様子を見たり、消防しょの人に話を聞いたりして調べます。③消防士以外の人の取り組みを調べるときは、町内会や消防団などの地いきの人に話を聞きます。

🔖 **66ページ** **きほんのワーク**

❶ ①訓練　②点検
　③防火服　④ボンベ
　⑤当番

❷ ⑥通信指令室　⑦消防しょ
　⑧病院　⑨けいさつしょ
　⑩水道局

🔖 **67ページ** **練習のワーク**

❶ ⓘ・ⓦ

❷ ①ⓘ　②ⓦ　③ⓐ

❸ (1)119(番)
　(2)①ⓦ　②ⓘ　③ⓐ

てびき **❶** ⓐ消防士のきんむは、「当番」「非番」「休み」に分かれています。きんむ表では、7日目と8日目は休みになっています。ⓘ「当番」は消防しょできんむする日です。きんむ時間を見ると、8：50から次の日の9：00まで**24時間**はたらいていることがわかります。ⓦ「非番」は、消防しょにはいませんが出動にそなえる日です。ⓔ当番の日がつづかないように、消防士は交たいしながらはたらいています。

❷ ①火事が起きると、消防自動車ははやく現場に行くため、道路をゆう先して走ります。そのときに事故を起こさないよう、消防自動車についている赤色とうをつけて、サイレンをならしてまわりに知らせます。③**消防自動車**には、はしご車やポンプ車、救助工作車などがあります。

❸ (2)①けいさつかんは火事の現場を通行止めにして、近くで人や車の整理をします。②病院では、救急車が運んできたけが人のちりょうをします。③引火してばく発などが起きないよう、ガス会社がガスを止めます。

🔖 **68ページ** **きほんのワーク**

❶ ①消火せん　②防火水そう
　③ひなん場所　④消火き
　⑤防火とびら

❷ ⑥仕事　⑦協力
　⑧点検　⑨よびかけ　⑩消火

🔖 **69ページ** **練習のワーク**

❶ (1)①ⓘ　②ⓐ　③ⓦ
　(2)ⓦ
　(3)①ⓘ　②○　③×

❷ (1)消防団
　(2)①ⓦ　②ⓐ　③ⓘ

てびき **❶** (1)①場所がわかりやすいように「消火栓」と書かれています。火事のときは、消火せんにホースをつないで水を出します。②けむりやねつを感知すると大きな音がなります。③火やけむりをとじこめて、ひなんする道をかくほするためのとびらです。

　(2)ⓐはひなん場所、ⓘは火災けいほうきのはたらきです。

　(3)②いざというときに消火や救助がしやすいように、消防にかんする法やきまりがつくられていて、それを守らなくてはいけません。③家庭でも火災けいほうきがつけられています。

❷ (2)①火事の現場で、すぐに器具が使えるように点検しています。②火事が起きたときと同じように、水を出して訓練をします。③地いきをまわり、火災予防をよびかけます。

🔖 **70・71ページ** **まとめのテスト**

❶ ①○　②×　③×　④○

❷ (1)①ⓘ　②ⓦ　③ⓐ
　(2)訓練
　(3)〈例1〉いつ火事が起きても、すぐにかけつけられるようにするため。
　〈例2〉火事は24時間、いつでも起こるかのうせいがあるから。

❸ (1)通信指令室
　(2)①ⓞ　②ⓔ　③ⓘ
　(3)ⓦ・ⓔ

❹ (1)①ⓦ　②ⓐ　③ⓘ　④ⓔ
　(2)〈例〉守る

1 ③ヘルメットや防火服は、火事のれんらくが入ってから身につけます。④消防自動車が出動するまで60秒ほどしかかかっていません。

2 (1)①消防士は、ほのおから身を守る防火服を着て活動をします。

(2)じっさいに活動するときと同じように練習することを訓練といいます。

(3)火事はいつ起きるかわかりません。消防士は24時間きんむして、火事にそなえています。

3 (1)通信指令室で通報を受けて、いろいろなところへ出動を指令します。

(3)⑦119番の通報は、すべて消防本部の通信指令室につながります。⑦救急車は消防しょから出動します。①ガスへの引火や感電などをふせぐため、ガスや電気を止めてもらいます。

4 (1)①は防火とびら、②は火災けいほうき、③はひなん場所の公園、④は消火せんです。

(2)消防団の人たちは、地いきの安全のために自主的にさんかして活動しています。

なぞり道場 何回も書いてかくにんしよう！

通	信	指	令	室		通	報
つう	しん	し	れい	しつ		つう	ほう

訓	練		点	検		防	災
くん	れん		てん	けん		ぼう	さい

---

2 事故や事件からくらしを守る

72ページ きほんのワーク

1 ①事故　②現場
　③事件　④安全

2 ⑤通報　⑥通信指令室
　⑦けいさつかん　⑧パトロールカー
　⑨消防しょ　⑩病院

73ページ 練習のワーク

1 (1)2000（件）
　(2)あ・い

2 (1)110（番）
　(2)①○　②○　③×
　(3)①⑦　②⑦　③①

---

1 (1)2015年のぼうグラフの長さは、2000件をしめす目もりまであります。

(2)2013年から2021年にかけてぼうグラフが短くなっているものをえらびましょう。数がへっているのは、宇都宮市の事故の数と事件の数を表したグラフです。

2 (1)事故や事件が起きたときは110番に電話をかけます。

(2)①・②事故をはやくしょりするため、事故を見たらすぐに通報して正かくな場所をつたえます。③けいさつかられんらくがくることもあるので、通報した人は自分の名前やれんらく先もつたえます。

(3)①現場に立って指示を出しているので、交通整理の様子です。②事故を起こした人と話をして、原因を調べている様子です。③救急車に人を乗せている様子です。

74ページ きほんのワーク

1 ①パトロール　②立番
　③道あん内　④ほうもん
　⑤見守り
　⑥パトロールカー　⑦交番
　⑧取りしまり　⑨法

75ページ 練習のワーク

1 (1)交番
　(2)①⑦　②①　③⑦
　(3)①×　②○　③○　④×

2 ⑦・⑦

---

1 (1)学校のまわりにいちばん多い ✕ の地図記号は、交番を表しています。交番は、わたしたちの生活の身近なところにあります。 ⊗ はけいさつしょの地図記号です。

(2)①交番では**道あん内**や落とし物の受けつけなど、地いきの人の相談にたいおうしています。②地いきの人と話をして、かわったことはないか様子をたずねます。③ちゅう車い反の車を見たら、**取りしまり**をします。

(3)①74ページの交番の1日の仕事の様子をかくにんしましょう。**立番**だけでなく、いろいろな仕事をしています。④**交通整理**は、事故や事件が起きたり、信号が止まってしまったりしたときなどに行います。子どもたちが登下校する

ときは、見守りをします。

2 ⑦道路交通法は、交通にかかわる**法やきまり**の一つです。①歩いている人や自転車に乗る人など、すべての人のために法やきまりがつくられています。①法やきまりは、交通事故が起きないようにつくられたものなので、みんなが守るように努力するひつようがあります。⑦信号むしやスピードの出しすぎなどが原因の交通事故が多く起きています。みんなが法やきまりを守ることでふせげる交通事故もあります。

76ページ きほんのワーク

1 ①交通安全教室　②カーブミラー
　③市役所　④店
　⑤町内会　⑥こども110番
　⑦パトロール
2 ⑧相談　⑨通報
　⑩協力

77ページ 練習のワーク

1 ①① ②① ③⑦ ④⑦
2 ①⑦ ②⑦ ③①
3 ①△ ②○ ③○ ④△

てびき **1** ①道路ひょうしきは、交通のきまりを数字や記号などで見やすく表したものです。②歩道橋は、歩行者が車道を通らずに道路をわたれるようにしたせんようの橋です。③ガードレールは歩道と車道を分けて、歩行者を車から守ります。④カーブミラーは、近づいてくる車がいないか、曲がり角でもかくにんできるようになっています。

2 ①地いきの人は通学路に立って、子どもが安全に登下校できるように見守りをしています。②子どもがきけんを感じたときににげこめる家や店をつくり、「こども110番」の目じるしをつけています。③町内会やけいさつ、学校の先生たちが安全会議を開き、事故や事件が起きないように話し合っています。

3 ①地いきの人が110番に電話をかけて事故や事件を知らせると、けいさつかんがかい決のための仕事をします。②けいさつ本部にある通信指令室から、けいさつしょや交番へれんらくがいきます。③パトロールカーはけいさつの人が使う車です。④地いきの店や家が「こども110番」

の活動をしています。

78・79ページ まとめのテスト

1 ①× ②○ ③○
2 (1)①110 ②通信指令室
　　③消防しょ
　(2)①・①
　(3)〈例〉人や車がこんざつして、べつの交通事故が起きないようにするため。
3 (1)交番
　(2)①⑦ ②① ③⑦
　(3)〈例〉交通ルール（法やきまり）を守る
4 (1)①⑦ ②⑦
　(2)⑦・①
　(3)①協力 ②安全

てびき **1** ①グラフの目もりに気をつけて読み取りましょう。事故の数は、2017年よりあとは2000件より少なくなっています。②2021年の事故の数はおよそ1300件、事件の数はおよそ2500件です。③市に住む人の数は、2013年から2021年までほとんどかわりません。一方、事故の数や事件の数はへってきています。

2 (1)①交通事故の通報は、110番にかけます。②通報を受けていろいろなところへれんらくするのは通信指令室です。③救急車は消防しょでたいきしていて、出動したらけが人を乗せて病院へ向かいます。

　(2)⑦消防しょではたらいている救急隊員とよばれる人の仕事です。⑦けいさつしょに事故のれんらくをするのは通信指令室の人です。

　(3)交通事故が起きると、信号やひょうしきの通りに通行できなくなるのできけんです。けいさつかんは、通行止めやまわり道の指じを出してべつの事故が起こるのをふせぎます。

3 (2)①交番の前に立って見守りをする立番の様子です。③地いきをパトロールして、きけんなことがないかかくにんします。

　(3)信号やひょうしきは、交通にかんする法やきまりをもとにつくられているしせつです。これらを守ることで、交通事故をへらすことができます。

4 (1)①カーブミラーは直せつ見られないところをうつして、人や車がぶつかるのをふせぎます。

②家や店に「こども110番」のステッカーをはっ
て、子どもを守る場所であることを知らせてい
ます。
　(2)④は火事や災害についての取り組みです。
⑦のせつびの点検は、市役所などが行います。
　(3)まちの人々は役わりを分たんして、協力し
てまちの安全を守っています。

なぞり道場 何回も書いてかくにんしよう！

交 こう	通 つう	整 せい	理 り		救 きゅう	急 きゅう	車 しゃ
事 じ	故 こ		事 じ	件 けん		法 ほう	

いかす

80ページ　きほんのワーク

❶ ①たばこ　　②たき火
　③こんろ　　④身近
　⑤ひがい　　⑥起こす
　⑦防犯教室
　⑧標語　　⑨自分たち
　⑩みんな

81ページ　練習のワーク

❶ (1)たき火
　(2)①2020　　②484
　(3)①×　②○　③×　④○
❷ (1)標語
　(2)①⑦　②④

てびき ❶ (3)①たき火や野焼きは、外で起きて
いる火事です。②生活の中で使うこんろや電気
機器も火事の原因になっています。③歩いてい
る人にぶつかるなど、自転車に乗る人が相手に
ひがいをあたえる事故も起きています。④火事
や事故を起こさないだけでなく、まきこまれな
いように、みんなが気をつけることが大切です。
❷ (1)主に5音と7音でつくられているのも標語
のとくちょうです。
　(2)①⑦は消火に使う器具の使い方をたしかめ
ています。②④は交通ルールを守るように地い
きの人がよびかけています。

1　市の様子と人々のくらしのうつりかわり

82ページ　きほんのワーク

❶ ①せんそう　　②駅
　③土　　④コンクリート
　⑤高いたて物
❷ ⑥土地の使われ方　　⑦地図
　⑧鉄道　　⑨家や店

83ページ　練習のワーク

❶ (1)⑦
　(2)①⑦　②⑦　③④
　(3)⑥
❷ ①×　②○　③○　④×
❸ ④・⑦

てびき ❶ (1)たて物や乗り物のちがいに注目し
ましょう。高いたて物が少なく、自動車が見ら
れない⑦がいちばん昔の写真です。しだいに高
いたて物や自動車がふえて、まちの様子は⑦→
⑦→④のようにかわっていきました。
　(3)せんそうのとき、日本のかく地が空しゅう
でやけてしまいました。せんそうは昭和20
(1945)年に終わりました。
❷ 地図は家や店の多いところ、鉄道や駅のいち
を表しているので、これらのうつりかわりがわ
かります。
❸ きょう土しりょう館、新聞社、鉄道会社など
のホームページには、昔のことがわかるしりょ
うがのっていることがあります。また、市役所
では市の古いしりょうをほかんしています。

84ページ　きほんのワーク

❶ ①昭和　　②町や村
　③広さ　　④お年より
　⑤外国
❷ ⑥鉄道　　⑦国道
　⑧新かん線　　⑨高速道路
　⑩コミュニティバス

85ページ　練習のワーク

❶ (1)ふえた
　(2)①あ　②う　③い
❷ ①⑦　②④
　③④　④⑦

❶ (1)まわりの町や村が明石市と一つになって、人口もふえました。

(2)あの地図から明石市のはんいの広がりがわかります。また、平成のころの人口のふえ方が大きいいのグラフがお年よりの人口を表しています。グラフのたてじくを見て、数が多いうが市の人口を表しています。

❷ 高速道路（第二神明道路）や山陽新かん線は、⑦の地図には通っていないので、①は⑦、②は⑦があてはまります。また、昔は自分で車をもっている人が少なく、バスをりようする人がほとんどでした。その後、車をもつ人がふえていったので③は⑦、④は⑦のころの様子です。

86ページ　きほんのワーク

❶ ①田や畑　　②ため池
③住たく　　④団地
⑤うめ立て

❷ ⑥公共しせつ　　⑦小学校
⑧図書館　　⑨税金

87ページ　練習のワーク

❶ (1)①⑦　　②⑦　　③⑦
(2)ため池
(3)海

❷ (1)公共しせつ
(2)税金
(3)①○　　②×　　③○

てびき **❶** (1)昔は**田や畑**が多く、人口がふえるにつれて**家や店**がふえていきました。「家や店の多いところ」の広がりから、地図は古いものから新しいもののじゅんに⑦→⑦→⑦となります。

(2)ため池は、農業のための人工の池です。

(3)二見人工島がある場所は、⑦の地図を見ると、昔は海だったことがわかります。

❷ (2)買い物をしたときにはらう消ひ税などのお金を**税金**といいます。税金は公共しせつの運えいや、わたしたちの生活にかかわる活動に使われています。

(3)①は図書館、③ははくぶつ館です。②のお店は、こじんや会社が開いているものなので、公共しせつではありません。

88・89ページ　まとめのテスト

1 ⑦・⑦

2 (1)①×　　②×　　③○　　④○
(2)1⑦　　2⑦　　3⑦

3 (1)①×　　②○　　③○　　④×
(2)〈例〉海をうめ立ててつくられた。
(3)〈例〉田や畑がへって、家や店が多いところがふえた。

4 (1)①科学館（、はくぶつ館）　　②図書館
③小学校
(2)①人口　　②税金

てびき **1** ⑦せんそうが終わって新しいまちがつくられていくにつれて、まちはにぎやかになっていきました。⑦50年ほど前は、たくさんの自動車がまちを走るようになりました。広い道路ができて、信号もつくられました。

2 (1)①今の明石市は、林崎村・大久保町・魚住村・二見町が明石市といっしょになってできました。②市の人口は1955年ごろから急にふえて、1995年よりあとは少しずつふえています。③65才以上の人の数と外国の人の数は、どちらも1995（平成7）年に大きくふえています。④市の人口が急にふえたのは、明石市がまわりの町や村といっしょになったころです。

(2)明治のころに鉄道が開通し、昭和のはじめに国道2号ができました。およそ50年前に高速道路や山陽新かん線が開通すると、より短い時間でいどうできるようになりました。

3 (1)①ため池の数はへってきています。②二見人工島には大きな工場や公園があります。③明舞団地やそのまわりの土地は、およそ70年前は森林でした。④鉄道の近くに多く見られるのは、家や店の多いところや大きな工場です。

(2)およそ70年前は海だったところをうめ立てて、りく地にしたのが二見人工島です。

(3)市でいちばん多い土地の使われ方をくらべましょう。およそ70年前は田や畑、今は家や店が土地のほとんどをしめています。

4 (1)①明石市には、古くから天文科学館があります。③人口がふえて子どもの数もふえたので、多くの小学校がたてられました。

(2)公共しせつは、税金をもとにつくられます。

てつ	どう		じん	こう		ぜい	きん
鉄	道		人	口		税	金

90ページ きほんのワーク

1 ①石油ランプ　　②電とう
　　③LEDライト　　④手作業
　　　（エルイーディー）
　　⑤かまど　　⑥せんたく板
　　　　　　　　　　（いた）
　　⑦べんり

2 ⑧古い　　⑨平成
　　　　　　　　（へいせい）
　　⑩へんか

91ページ 練習のワーク

1 (1)⑦・エ
　(2)①⑦　　②イ　　③ウ
　(3)①イ　　②⑦

2 (1)年表
　　　（ねんぴょう）
　(2)①大正　　②昭和　　③令和
　　　（たいしょう）（しょうわ）（れいわ）

てびき **1** (1)昔のいねかりは、かまを使って人
　　　　　　（むかし）　　　　　（つか）
の力で行っていたので、たいへんな作業でした。
　　　　　　　　　　　　　　　　　（さ ぎょう）
今は、コンバインなどのきかいでいねかりをし
ています。
　(2)①は石油ランプ、②は電とう、③はLED
　　　　　（せき ゆ）
ライトです。
　(3)②⑦のかまどは、ごはんをたいたり、にも
のをつくったりするために使われました。
　　　　　　　　　　　　（つか）
2 (1)年表は、できごとをならべて、ものごとの
へんかがわかるようにまとめたものです。

92・93ページ まとめのテスト

1 (1)①かま　　②手作業
　　　　　　　　　　（さ ぎょう）
　　③きかい
　(2)〈例〉短くなった
　　　　　（れい）（みじか）
2 (1)①ウ　　②⑦　　③イ
　(2)記号　イ
　　　（き ごう）
　　名前　せんたく板
　　　　　　　　　（いた）
　(3)〈例1〉くらしをべんりにしたい
　　〈例2〉よりよいくらしをしたい
3 (1)昭和
　　　（しょう わ）
　(2)あイ　　いウ　　うア
　(3)新かん線
　(4)かウ　　きエ　　くア　　けイ

てびき **1** (1)かまは、鉄のはの部分でいねをか
　　　　　　　　　　（てつ）　　（ぶ ぶん）
りとる道具です。いねかりができるきかいが登
　　　　（とう ぐ）　　　　　　　　　　　　（とう）
場するまで、かまを使ってすべて手作業でいね
（じょう）　　　　　（つか）
かりをしていました。
　(2)きかいを使って一度にたくさんいねをかり
　　　　　　　　（いち ど）
とれるので、作業時間が短くなりました。いね
かりだけでなく、今はいろいろな農作業にきか
　　　　　　　　　　　　　（のう）
いが使われています。

2 (1)①火をつけて明るくしているので⑦が石油
　　　　　　　　　　　　　　　　　　　（せき ゆ）
ランプです。②③電とうとLEDライトは、ど
ちらも電気を使いますが、LEDライトはより
明るく、広く光がとどくようになりました。
　(2)しりょうの道具は、せんたくきです。今は
きかいが自動であらってくれますが、昔はせん
　　　　（じ どう）　　　　　　　　　（むかし）
たく板にせんたくものをこすりつけてよごれを
落としていました。
（お）
　(3)人々はよりべんりな生活をねがい、そのね
　　（ひとびと）
がいをじつげんするために、新しい道具がつく
られてきました。

3 (1)「およそ70年前」と重なっている元号は昭和
　　　　　　　　　　　　　　　　（げんごう）
です。
　(2)う「田や畑」「人工の島」など土地の様子が書
　　　　（はたけ）（じんこう）　　　　　（よう す）
かれているので⑦があてはまります。
　(4)く け昔は、手づくりのかんたんな道具を
使っていました。今は、スイッチを入れるだけ
でふくざつな作業もしてくれるきかいがふえて、
べんりになりました。

いかす

94ページ きほんのワーク

1 ①広ほうし　　②まちづくり
　③こども　　④住みたい
　　　　　　　　　（す）
　⑤たからもの　　⑥阪神・淡路
　　　　　　　　　（はんしん）（あわじ）
　⑦ふっこう　　⑧シンボル
　⑨キーワード　　⑩ホームページ

ひろげる

95ページ きほんのワーク

1 ①田や畑　　②工場　　③家
　　　（はたけ）
　④交通　　⑤船　　⑥地下鉄
　　　　　　　　　　　（ち か てつ）
　⑦べんり　　⑧国道　　⑨高速道路
　　　　　　　　　　　　　（こうそくどう ろ）

夏休みのテスト①

学校のまわり

1 次の地図を見て答えましょう。(3)は1つ5点、1つ10点(50点)

(1) 学校のまわりを調べるときに使う右下の絵の道具について、（　）にあてはまることばを書きましょう。

▲この道具を（　方位じしん　）といいます。

▲色がついたはりがさす方位は（　北　）をしめす。

(2) 右の絵の
屋上から見た
ものをかいた
ものです。あ〜えのどの向
きを見てかいたものですか。（　⑦　）

(3) 次の2人は、地図中のあ〜えのどのコースでまちをたんけんしましたか。

① 線路をわたったあと、橋を通り、川の向こうがわに出ました。（　　）
② 神社やお寺など、古くからあるたて物を調べました。（　　）

(4) みんなのためにつくられた公共しせつを公共しせつといいます。地図中にある学校の
ほかに1つ答えましょう。（図書館、公民館、公園）から1つ

市の様子

2 次の地図を見て答えましょう。1つ10点(50点)

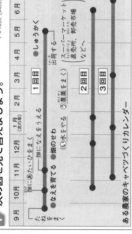

(1) 市役所から見て、わたしたちの学校はどの方位にありますか。八方位で答えましょう。（　北西　）

(2) 地図中の①の地図記号は何を表していますか。また、②けいさつしょによにあてはまる地図記号を地図中からさがして書きましょう。
① （　図書館　）　② （　⊗　）

(3) 地図中の工場が集まっているところについて、正しくせつ明している文に○を書きましょう。
⑦ （　）港があり、船で品物を運ぶのにべんりな海の近くに集まっている。
⑦ （　）はたらく人が集まるのにべんりな駅の近くに集まっている。
⑨ （○）品物をトラックで運ぶのにべんりな高速道路の近くに集まっている。

(4) この市の土地の高いところには、休みの日に多くの人が来ます。その理由を、2つの地図を見て書きましょう。
（例）キャンプ場やはくぶつじょうがあるから。

夏休みのテスト②（実力判定テスト）

農家の仕事

1 次の図を見て答えましょう。1つ10点(50点)

ある農家のキャベツづくりカレンダー

9月	10月	11月	12月	1月(次の年)	2月	3月	4月	5月	6月
たねをまく	なえを育てる	畑にあたいをうえる	畑のせわ	しゅうかく（1回目・2回目・3回目）					

出荷する（スーパーマーケット・直売所・卸売市場など）

(1) この農家が3回に分けてキャベツをつくっている理由として、正しいものに○を書きましょう。
⑦ （　）はじめにキャベツをつくった畑で、もう一度キャベツをつくるため。
⑦ （　）しゅうかくの期間を短くして、お金がからないようにするため。
⑨ （○）しゅうかくの期間を長くして、長くキャベツが食べられるようにするため。

(2) 次の農家の人のせつ明にあてはまるものを、図中のあ〜⑨から1つえらびましょう。
① キャベツがかい虫に食べられたり、病気にならないようにします。安全のために、回数はで（　⑦　）
② キャベツがおいしく育つように、えいようのある土をつくります。（　あ　）

(3) 右の写真は、図中の
　　　　の間になえを育
てるものです。これ
を何といいますか。
（　ビニールハウス　）

(4) キャベツの出荷先のうち、ねだんを決める場所を何といいますか。上の図中からえらびましょう。（　卸売市場　）

工場の仕事

2 あんぱん工場の見学でわかったこと

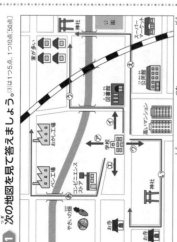

(1) ⑧について、次の文の（　）にあてはまることばに○を書きましょう。
▲生地をこねる作業など、力を使う作業の多くは
{ 大きい・人の手 }で行います。やき上がりの
{ 生地をこねる・コンピューター・人の手 }の中に
よる作業も多いです。

(2) 次の文にあてはまるものを、⑤の中からえらびましょう。
① パンの生地になる原料で、アメリカから取りよせている。（こむぎこ）
② あんの原料で、北海道から運ばれてくる。（あずき）

(3) ⑨は、工場ではたらく人の服そうです。パンの生地やあんの中にかみの毛が入らないように、ど
んなくふうをしていますか。
（例）ぼうしをかぶっている。

(4) えについて、工場ではたらく人のうち、市内から来る人は何を使って来ていますか。
（自転車、自動車（車））から1つ

冬休みのテスト②

事故や事件からくらしを守る

2 次の問いに答えましょう。　1つ10点(50点)

(1) 交通事故が起きたとき、通報するための電話番号は何番ですか。　（　110番　）

(2) (1)の通報の電話がさいしょにつながるところはどこですか。上の図中からえらびましょう。　（　通信指令室　）

(3) 図中の交通の仕事にあてはまらないものに×を書きましょう。
　⑦（　　）町のパトロールを行う。
　④（　×　）けがをした人を救急車で病院に運ぶ。
　⑦（　　）まよっている人に、もくてき地までの道を教える。

(4) 右のせつびについて、（　）にあてはまることばを次からえらびましょう。　（　⑦　）
　▲通路のひょうしきは、交通にかかわる（法やきまり）を表す。

時間	法やきまり

(5) 右のステッカーがはられた家や店は、子どもたちが、事故と事件のどちらにまきこまれるのをふせぐためにありますか。　事件（　　）

こども110番

土地の様子

火事からくらしを守る

1 次のしりょうを見て答えましょう。　1つ10点(50点)

① ⑦
② ④
③
④

(1) ①・②のしりょうから、どのようなくふうがわかりますか。次からえらびましょう。
　⑦　火事の中でも見やすくよごれをしないくふう。
　④　火事の電話をすぐにつたえるくふう。
　⑦　消火に使う水をかくすためのくふう。
　④　夜の火事でもすぐに出動するためのくふう。

(2) ③の地図は、まちの消火せんにあてはまるものです。地図中の消火せんにあてはまる写真を、次からえらびましょう。　（　⑦　）

⑦ ④ ⑦

(3) ④の絵について、〔　〕にあてはまることばに○を書きましょう。
　▲消防団の人たちは、器具などを〔訓練・点検〕し、実けん}をしています。

(4) 消防団の活動について、（　）にあてはまることばを書きましょう。
　▲消防団は、消火活動だけでなく、地いきの人に（防火(火災予防)）のよびかけもしている。

冬休みのテスト①

店ではたらく①

1 次の地図を見て答えましょう。　1つ10点(50点)

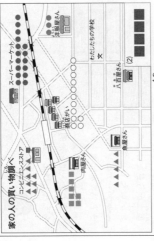

(1) 家の人の買い物調べで、もっとも多く買い物をした店はどこですか。　（スーパーマーケット）

(2) 家の人は、学校の近くの八百屋さんで4回買い物をしています。地図中の□に⑤を入れましょう。

(3) ケーキ屋さん・わがし屋さん・花屋さんなどのいろいろな店が通りぞいに集まっているところを何といいますか。地図中からえらびましょう。　（　商店がい　）

(4) コンビニエンスストアについて、あやまっている文に×を書きましょう。
　⑦（　　）朝早くから夜おそくまで開いている店が多い。
　④（　　）コピーをしたり、お金を引き出したりすることもできる。
　⑦（　×　）スーパーマーケットよりも広く、品物のしゅるいも多い。

(5) 次の絵の人は、スーパーマーケットとコンビニエンスストアのどちらではたらいていますか。　（スーパーマーケット）

店ではたらく②

2 次の問いに答えましょう。　1つ10点(50点)

(1) 次の絵は、スーパーマーケットのどのようなくふうにあたりますか。それぞれえらびましょう。

① ④
② ⑦

　⑦　車で買い物に来る人のためのくふう。
　④　品物を見つけやすくするためのくふう。
　⑦　やさいなどを少しだけ買いたい人のためのくふう。

(2) 右の絵は、牛にゅうパックやあき食品トレーを回しゅうするためのコーナーです。このコーナーを何といいますか。　（リサイクル）コーナー

(3) 次の図からわかることを二つえらび、○を書きましょう。

スーパーマーケットで買えるカレーの材料の産地

　⑦（　○　）にんじん・じゃがいも・牛肉は北海道から運ばれてくる。
　④（　　）近くでとれた材料だけでカレーをつくることができる。
　⑦（　○　）外国から運ばれてくる品物もある。
　④（　　）たまねぎの産地はオーストラリアである。

実力判定テスト　学年末のテスト①

市の様子のうつりかわり

1 次の地図を見て答えましょう。　1つ10点[50点]

地図1　交通のうつりかわり

70年前 / 今

地図2　土地の使われ方のうつりかわり

70年前 / 今

- 家や店の多いところ
- 田畑の多いところ
- 工場の多いところ
- 森林

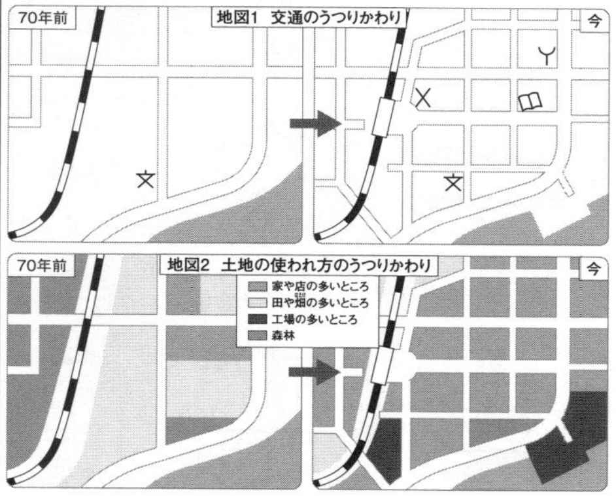

(1) 地図1からわかる70年間のへんかとして、正しいものに○を書きましょう。
- ⑦（　）はじめて鉄道が通り、道路もふえた。
- ⑦（　）鉄道が新しく駅ができた。
- ⑦（　）鉄道の通る場所がいどうした。

(2) 地図2で、新しくできたうめ立て地は、主に何に使われていますか。（　工場　）

(3) 地図1・2を見てわかることを、かんたんに書きましょう。
▲70年の間に交通がべんりになったため、森林や田畑がへって、《例》家や店、工場がふえた。

(4) 上の古い地図がかかれたのは、あとの年表中のどの時期ですか。（　⑦　）
- ⑦～⑦のどの時期ですか。

(5) 年表中の　　にあてはまる元号を書きましょう。

大正 100年前	昭和 50年前	30年前	平成	令和
市のてっきょうに鉄道が通る	せんろがふえる	田や空き地が広がる	駅前に新しい工場ができる	駅前に大きなビルが立ちならぶ

人々のくらしのうつりかわり

2 次の問いに答えましょう。　1つ10点[50点]

あ / い

(1) 上の絵は、何をするための道具のうつりかわりですか。
▲（　りょうり　）をするための道具。

(2) 上の絵の⑥にあてはまる道具の名前を、次からえらびましょう。（　かまど　）
　いろり　ランプ　かまど

(3) 次の絵の道具の今の形を、右の⑦～⑦からえらびましょう。（　⑦　）

⑦ / ⑦ / ⑦

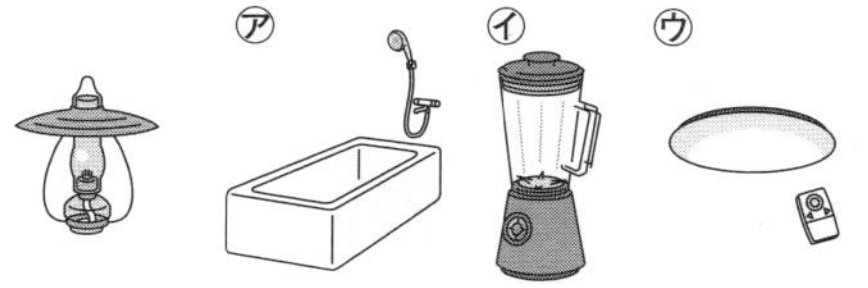

(4) 道具がべんりになったことのせつ明として、あやまっているものに×を書きましょう。
- ⑦（×）昔にくらべて、家事の時間が長くなった。
- ⑦（　）スイッチをおすだけで使えるものがふえた。
- ⑦（　）人の力を使う仕事が少なくなった。

(5) せんたくの道具のうつりかわりをしめした次の絵を、古いじゅんにならべましょう。
（⑦）→（⑦）→（⑦）→（⑦）

⑦ / ⑦ / ⑦ / ⑦

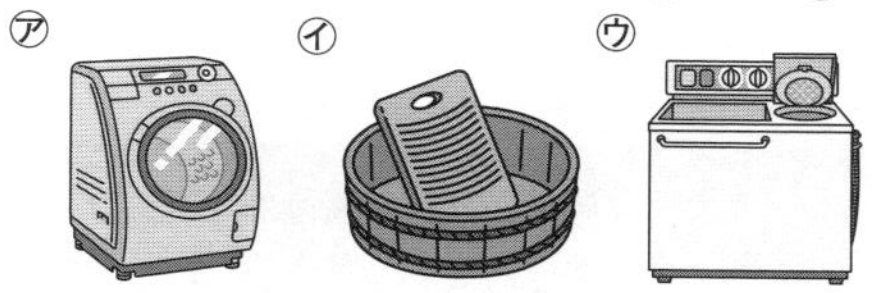

実力判定テスト　学年末のテスト②

3年生のまとめ①

1 次の地図を見て答えましょう。　1つ10点[50点]

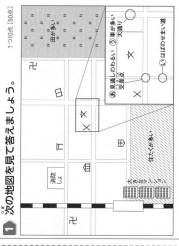

あ　見通しのわるい ⑤車が多い 交通量 交通点

(1) 次の2人のことばは、上の地図⑦と⑦のどの地図をくらべたものですか。あとからえらびましょう。

- ①マンションや住たくが多い場所は、50年前は林だったよ。（　　）
- ②市の東の田が広がっているところは、ひくい土地なんだよ。（　　）

⑦ 昔の地図　⑦ 土地の高さがわかる地図
⑦ 土地の使われ方がわかる地図　⑦ 県全体の地図

(2) 地図中の消防しょは、どのような地図記号で表せますか。（　Y　）

(3) 消防しょではたらく人のせつ明として、正しいものに○を書きましょう。
- ⑦（　）ふだんはべつの仕事をしているが、火事のときには消火や救助を行う。
- ⑦（　）110番の通報を受けて、関係するところに出動する。
- ⑦（　）交代できんむし、点検や訓練をかかさず行う。

(4) 上の地図の　　の部分で、あぶない場所をしめしました。あ～⑤のうち、交通事故をふせぐための、カーブミラーがあるとよい場所を1つえらびましょう。（　あ　）

3年生のまとめ②

2 次の絵を見て答えましょう。　1つ10点[50点]

 ⑦かまぼこ工場の人

 ①スーパーマーケットの人

 ②ごまつなをつくる人

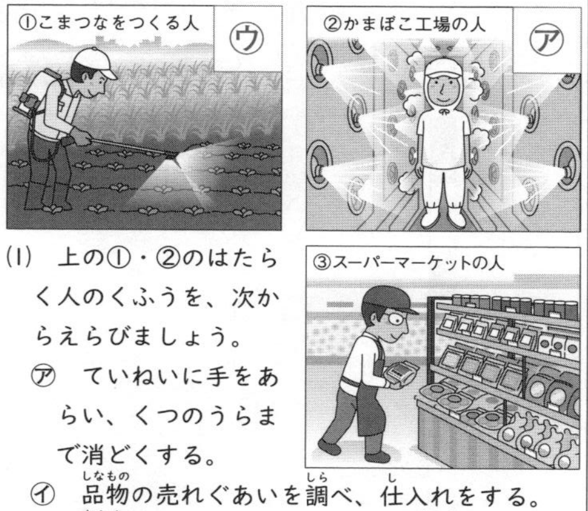

(1) 上の①・②のはたらく人のくふうを、次からなるべくえらびましょう。
- ⑦ ていねいに手をあらい、くつのうらをよく消どくする。
- ⑦ 品物の売れぐあいを調べ、仕入れをする。
- ⑦ 病気や害虫をふせぐための農薬は、使う回数を少なくする。

(2) ③の⑦スーパーマーケットの人が、⑦くらべた品物の新せんさをかくにんして売り場にならべているのはなぜですか。（①や②）
▲品物の（品じつ[安全]）を守るため。

(3) スーパーマーケットが、しょうひしゃのためにしていることとして、正しいものに○を書きましょう。
- ⑦（　）店の人が買い物をしているが、車いすの人がおし出している。
- ⑦（　）買い物をしたときにポイントがたまるようにしている。
- ⑦（　）食品トレーにかみパックのリサイクルコーナーをつくっている。

(4) ①の農家の人が昔使っていた、「くわ」のような古い道具は、どこで見ることができますか。次からえらびましょう。（　はくぶつ館　）
神社　公民館　はくぶつ館

23

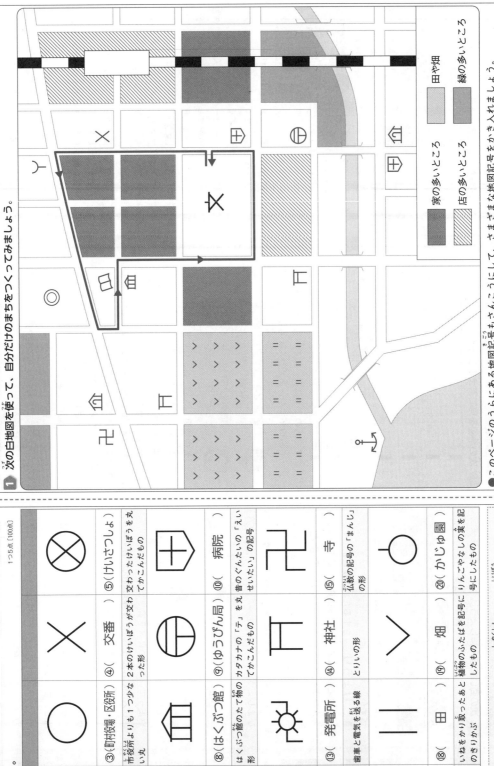

実力判定テスト かくにん！地図記号

❶ 次の地図記号の意味を......からえらびましょう。

1つ5点[100点]

記号	文	◎	○	×	⊗
意味	①（ 学校 ）	②（ 市役所 ）	③（町村役場・区役所）	④（ 交番 ）	⑤（けいさつしょ）
もとになったもの	漢字の「文」の形	大きさがちがう二重丸	市役所よりも1つ少ない丸	2本のけいぼうが交わった形	交わってけいぼうをえがいたもの

記号	Y	血	⊞	⊕	⊞病院
意味	⑥（ 消防しょ ）	⑦（ 図書館 ）	⑧（ はくぶつ館 ）	⑨（ ゆうびん局 ）	⑩（ 病院 ）
もとになったもの	昔使われていた消防の道具	開いた本の形	はくぶつ館のたて物の形	カタカナの「テ」を丸でかこんだもの	昔のぐんたいの「えいせいたい」の記号

記号	血	)(	☼	艹	卍
意味	⑪（ 老人ホーム ）	⑫（ 橋 ）	⑬（ 発電所 ）	⑭（ 神社 ）	⑮（ 寺 ）
もとになったもの	たて物の中にお年よりのつえをえがいたもの	橋を上から見た形	歯車と電気を送る線	とりいの形	仏教の記号の「まんじ」の形

記号	⚓	▦	‖	∨	○
意味	⑯（ 港 ）	⑰（ 鉄道 ）	⑱（ 田 ）	⑲（ 畑 ）	⑳（ かじゅ園 ）
もとになったもの	船のいかりの形	線路の形	いねをかり取ったあとのきりかぶ	植物のふたばを記号にしたもの	りんごやなしの実を記号にしたもの

かじゅ園　けいさつしょ　橋　交番　市役所
神社　町村役場・区役所　寺　図書館　はくぶつ館
畑　病院　港　ゆうびん局　老人ホーム
学校　鉄道　発電所　消防しょ　田

実力判定テスト 白地図でまちをつくろう！

❶ 次の白地図を使って、自分だけのまちをつくってみましょう。

田や畑
家の多いところ　緑の多いところ
店の多いところ

● このページのうらにある地図記号もさんこうにして、さまざまな地図記号をかき入れましょう。
● 「家の多いところ」「店の多いところ」「田や畑」「緑の多いところ」の色を決めて、色をぬりましょう。
● 地図ができたら、中心の学校を出てまちをたんけんする道じゅんをかき入れましょう。たんけんコースの名前もつけましょう。
〈例〉公共しせつのたんけんコース

3 2 1 0 9 8 7 6 5 4
＊ ＊ D C B A